AF466038

FRÉDÉRIC MASSON

De l'Académie française.

SUR NAPOLÉON

HUIT CONFÉRENCES

1908-1909

PARIS

SOCIÉTÉ D'ÉDITIONS LITTÉRAIRES ET ARTISTIQUES

Librairie Paul Ollendorff

50, CHAUSSÉE D'ANTIN, 50

1909

SUR NAPOLÉON

HUIT CONFÉRENCES

1908-1909

ŒUVRES COMPLÈTES DE FRÉDÉRIC MASSON

de l'Académie française.

COLLECTION IN-8° A 7 FR. 50

Mémoires du Cardinal de Bernis (1715-1758). 2 vol. in-8°.
Le Cardinal de Bernis (1758-1794) . . . . 1 vol. in-8°.
Journal inédit du marquis de Torcy (1709-1711) . 1 vol. in-8°.
Le Département des Affaires étrangères pendant la Révolution (1787-1804) . . . . 1 vol. in-8°.

ÉTUDES NAPOLÉONIENNES

I. Manuscrits inédits de Napoléon (1786-1791) . 1 vol. in-8°.
Napoléon dans sa jeunesse (1769-1793). . . . 1 vol. in-8°.

II. Napoléon et les Femmes. — L'Amour. . . . 1 vol. in-8°.
Joséphine de Beauharnais (1763-1796) . . . . 1 vol. in-8°.
Joséphine Impératrice et Reine (1804-1809) . 1 vol. in-8°.
Joséphine répudiée (1809-1814). . . . . 1 vol. in-8°.
L'Impératrice Marie-Louise (1809-1815). . . . 1 vol. in-8°.

III. Napoléon et sa Famille. . . . . 9 vol. in-8°.
L'ouvrage complet formera douze volumes.

IV. Napoléon et son Fils . . . . 1 vol. in-8°.
V. Napoléon chez lui. — La journée de l'Empereur aux Tuileries. . . . . 1 vol. in-8°.
La série comprendra six volumes.

VI. Cavaliers de Napoléon. . . . . 1 vol. in-8°.
Le Sacre et le Couronnement de Napoléon . 1 vol. in-8°.

COLLECTION IN-18 A 3 FR. 50

Diplomates de la Révolution. . . . . 1 vol.
Jadis (1re et 2e série) . . . . 2 vol.
Le Marquis de Grignan, petit-fils de Mme de Sévigné . 1 vol.
Souvenirs de Maurice Duvicquet . . . . 1 vol.
L'Affaire Maubreuil . . . . 1 vol.
Jadis et Aujourd'hui (1re et 2e série). . . . . 2 vol.
Autour de Sainte-Hélène (1re et 2e série) . . . . 2 vol.
Journal de Laffon-Ladebat. . . . . 1 vol.
Napoléon. Huit Conférences (1908-1909) . . . . 1 vol.

FRÉDÉRIC MASSON
De l'Académie française.

SUR NAPOLÉON

HUIT CONFÉRENCES

1908-1909

PARIS
SOCIÉTÉ D'ÉDITIONS LITTÉRAIRES ET ARTISTIQUES
Librairie Paul Ollendorff
50, CHAUSSÉE D'ANTIN, 50

1909

IL A ÉTÉ TIRÉ A PART

4 exemplaires sur papier du Japon.
10 exemplaires sur papier de Hollande.

Numérotés à la presse.

AU LECTEUR

Je réunis ici un certain nombre de conférences prononcées, en ces deux dernières années, soit à la Salle de Géographie, soit à l'Université des Annales, soit à l'Ecole Sainte-Geneviève. Le mot *Conférences* est impropre; *Lectures* vaudrait mieux, car le don de la parole improvisée ou préparée étant seulement attribué à quelques-uns qui, comme disait Daudet, pensent quand ils parlent, ou à d'autres dont il faut envier l'admirable mémoire, ceux qui n'ont ni éloquence ni mémoire doivent se contenter de lire.

Le conférencier causeur, celui qui parle un feuilleton, explique une pièce, raconte une histoire, peut se rendre familier avec son public; il est là en bras de chemise; si un mot est impropre, hasardé ou vulgaire, on ne lui en tient pas grief; si une phrase est inachevée, tant mieux : c'est celle-là qui porte. Un vieux sténographe qui avait vu passer des générations de grands orateurs et qui aimait à conter ces homériques batailles de la langue, affirmait que nul, hormis Jules Favre, n'avait jamais fini une phrase. Sur le texte transcrit, on rajoutait des bouts, on coupait des bras, on mettait des têtes et des queues, mais, par là, à chaque fois, on dénaturait, adultérait, émasculait la pensée. Le conférencier causeur peut donc être incorrect et bafouillant : il a son excuse dans l'intimité où il converse avec l'auditeur : supposant au besoin les objections, les provoquant presque, bon enfant, bon vivant et ne dédaignant point l'esprit un peu gros par quoi la salle, à des moments, est soulevée d'un fort rire

Voilà qui est interdit au conférencier lecteur : lequel est placé entre deux abîmes qu'il côtoie alternativement ; ce qu'il lit est-il un fragment, plus ou moins arrangé ou dérangé, d'un livre ancien ou futur? De la monotonie des phrases, écrites pour être lues seulement des yeux, un ennui incurable et contre qui vainement les plus braves s'efforcent, coule comme un filet d'orgeat tiède. Par-dessus les feuillets qui tombent, trop lentement à son gré, il voit, le malheureux, les visages qui se tirent, les yeux qui s'éteignent et les bouches qui bâillent. Sa voix sonne un glas dans le silence jusqu'au moment fatal où, mue par le désespoir et décidée à tout affronter pour échapper au supplice, une des spectatrices se lève, tapote ses jupes, dérange une rangée d'auditeurs et, libérée, s'en va joyeuse retrouver son auto.

Exemple néfaste ! Plus que les moutons, les brebis sont nées imitatrices ; il devait y en avoir majorité dans le troupeau de Panurge. Et, par le chemin que la première a montré, les autres s'empressent.

Si même nulle n'osa, retenue qu'elle fut par le prestige du conférencier, par la honte d'avoir l'air de ne pas comprendre et de n'être pas une intellectuelle, si le snobisme l'attacha à sa chaise, comme à son rivage sa grandeur attachait Louis XIV, quelles confidences elle ferait, si elle osait ! Par bonheur, il est des respects commandés, et elle se contente de dire : « Oh ! c'était profond. Mais sérieux ! Et il aurait fallu savoir tant de choses. » Mais on ne l'y reprendra pas !

En effet, a-t-elle raison : ce n'est point pour entendre lire quelques pages d'un livre par l'auteur même qu'elle a mis une jolie robe, un chapeau le plus grand possible — car la salle de conférences est la dernière où l'on se chapeaute — qu'elle a sacrifié l'après-midi, ou tout le moins cette partie de l'après-midi qui s'étend du déjeuner, dont on s'est levé à deux heures, jusqu'au moment où l'on commencera raisonnablement des visites et où l'on pensera aux rendez-vous de thé, soit quatre heures ou quatre heures et demie. Il faut donc que le premier goûter que l'on sert à son esprit soit du genre d'un sandwich au caviar, tout au plus d'un pain au foie gras ; qu'il y ait autour une mousse de salade au citron et pour dessert un feuilleté bien chaud à la confiture, avec un petit verre de vin de Xérès ou de la Commanderie. Cela forme alors un très gentil *deux à trois* ou *trois à quatre*.

Les *cinq à six* même ont réussi pourvu qu'ils fussent ainsi compris et, la mode aidant, il s'est trouvé que, ainsi dosés par des hommes de grand talent, des morceaux furent goûtés, applaudis et parfois compris. D'où un très agréable contraste à la crise du livre et, par là, nombre de notions et même d'idées justes, ingénieuses et parfois nobles répandues sur la littérature.

Oui, mais comme, pour ainsi titrer, cela demande de prudence, d'habileté et de réserve. Il faut bien qu'on essaie de faire sourire. Mais, si l'on veut faire rire, que, de cette mousse d'esprit fouetté, quelque profiteur essaie de s'emparer et qu'il imagine en avoir trouvé la recette, comme en deux coups, il la fait tourner, le farceur, le terrible, le sinistre farceur, l'humoriste d'histoire, arrivé hier d'Outre-Rhin, qui, en se faisant français, s'est dit qu'il se faisait mondain, léger, badin, dix-huitième — petit abbé à la toilette de la marquise, — et cela lui va comme une mouche assassine à un ours blanc...

Ah ! le pauvre ! Ses jolis mots, ses tours délicats, ses apophtegmes galants, tout ce qu'il a oint d'huile de lampe pour le faire paraître léger, folâtre et détaché, cela fait plouk à chaque fois dans la mare, avec un bruit sinistre, et de l'eau noire gicle alentour. On s'étonne, on se regarde, on prend son face-à-main, on sourit — et il redouble — on rit, et il est radieux ! Et c'est lui qui est sur la claie. « De quel monde est-il ce monsieur ? »

Cela est pis que l'ennui, pis que la précipitation du départ. Cela est la *perpétuité* que nul Bérenger ne pourrait indulgencier. Et ce qui perd cet homme, c'est la folie de vouloir, comme l'autre, danser sur la corde roide, sans balancier.

D'autant plus dois-je louer les quelques admirables artistes qui lisent ainsi que j'ai dit, ou plutôt parlent des conférences littéraires, même historiques, que je serais bien incapable d'en faire autant. Certes j'arriverais à procréer un morceau mauvais ou pire sur un écrivain, ou un guerrier, ou une actrice, mais ce serait n'importe quoi ; je plaindrais ceux qui viendraient l'entendre et, quant à répéter trois, quatre, cinq fois par année un tel exercice, les dieux m'en gardent !

Il ne s'agit en mon cas ni de dilettantisme ni de littérature. Il s'agit d'une conviction librement formée pour laquelle je combats depuis quarante ans par le tract, la brochure, le journal et le livre. L'un des derniers, sinon le dernier à proclamer la nécessité pour la démocratie du radicalisme césarien, dont Bonaparte fut en nos âges le représentant, je n'entretiens aucune illusion, ni aucune

Documents manquants (pages, cahiers,...)

ambition, mais je fais mon œuvre. C'est de raconter le Héros, de le montrer tel qu'Il fut, car Il ne doit être loué que par la Vérité; de répandre Son culte, de provoquer les offrandes à Sa mémoire, de propager à toute fin la Religion napoléonienne en célébrant le culte, en attirant les contradictions, en contraignant à me suivre sur ce terrain même mes adversaires et nos ennemis, en sonnant constamment mes cloches, et en contraignant le troupeau des imitateurs à suivre les routes que j'ai jalonnées. A cette heure, chez les peuples d'Italie, d'Allemagne et de Russie, chez les nations nouvellement éprises des civilisations occidentales, aux États-Unis où Il demeure le vivant modèle de l'énergie et où la gloire de Son nom balance celle des illustrations nationales, en Angleterre même, dans le pays de Castlereagh, de Bathurst et de Lowe, l'heure de la justice est venue et partout les annalistes étudient jusqu'au moindre événement qui permette d'accrocher à Son nom quelque chose de leur nation ou de leur ville. Qu'Il ait passé une heure dans une chambre d'une auberge, c'est assez pour un livre; qu'on ait combattu sous Ses aigles ou contre elles, fût-ce en un rang inférieur et en une place obscure, c'est assez pour des mémoires et une biographie; telle échauffourée fera matière à deux volumes, telle campagne à dix, et en France moins peut-être qu'en Allemagne et en Russie. Il faut une bibliothèque pour contenir les ouvrages en toutes langues sur Waterloo et, pour les est moindre ; il se renforce dans un journal ; il dépasse l'attente dans une conférence. La parole porte plus sûrement la flèche et l'enfonce plus avant. De là, dans un cas, un incident qui m'a obligé à rendre publics les documents sur qui j'avais formé ma conviction. Bien que le texte de cette conférence ait déjà paru dans le volume : *Autour de Sainte-Hélène*, je le réimprime ici, parce que faisant partie de l'ensemble, il doit être jugé dans cet ensemble.

Voilà un des motifs qui m'ont déterminé à réunir en volume des conférences : qu'il y a là un ensemble présentant, à mon gré, assez de la doctrine pour servir à quelque chose ; puis, que, malgré la publicité qu'elles ont reçue, l'on a paru souhaiter qu'elles fussent recueillies et conservées. Enfin que, malgré qu'on m'en ait pressé, je n'ai pu, pour beaucoup de raisons, me décider à les relire dans beaucoup de villes, en province ou à l'étranger, où l'on m'avait demandé de venir. Seul, ou avec des confrères pensant à peu près comme moi, cela eût été possible. On eût alors composé une sorte d'Université ambulante de Napoléonisants, mais aller en représentation ici ou là avec, après ou avant Monsieur Tel ou Monsieur Tel, non, non et non !

Que ce petit livre porte à ceux qui pensent comme je pense un salut cordial. Qu'il leur porte un peu plus de respect, d'amour, d'admiration et de pitié pour le Grand homme ; qu'il donne à ceux qui ne pensent point encore comme nous la tentation de Le connaître, de Le servir et de L'aimer ; qu'il apprenne à Ses ennemis que, dans des salles combles, par les auditoires les plus divers, Son nom, Son glorieux nom, a été à chaque fois acclamé et qu'avec ces inconnus, à chaque fois, il m'a semblé que nous avions fait des fidèles. — Et cela fut très doux.

Frédéric MASSON.

Au Clos des Fées, le 15 août 1909
au jour de la Saint-Napoléon.

SUR NAPOLÉON

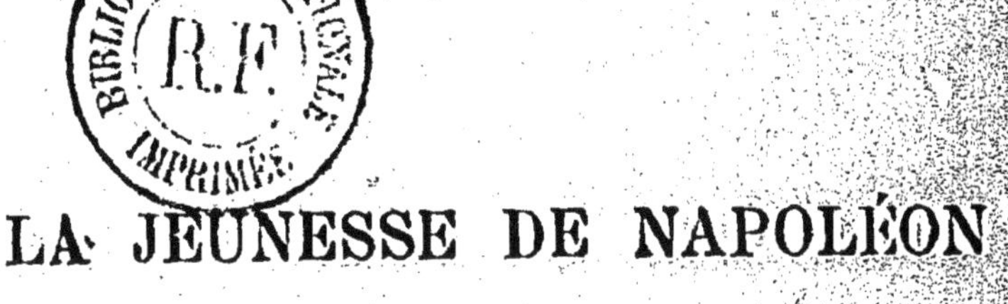

LA JEUNESSE DE NAPOLÉON[1]

Qu'on imagine un enfant sorti d'une race toute française, porté, durant qu'on se battait, par une mère patriote, né dans la banlieue de Metz au lendemain des désastres, élevé et grandi, malgré que son père se fût rallié aux vainqueurs, dans un milieu populaire et traditionnel fidèle au culte du passé, bercé de récits héroïques et de souvenirs funèbres, nourri des histoires épiques du grand homme qui a consacré sa vie et son génie à sauver sa nation et qui, écrasé par le nombre, a préféré les lointains et brumeux exils à une servitude dorée; qu'on imagine un tel enfant ainsi conçu et formé dans la banlieue de la cité lorraine, sous un ciel clair et léger, à la vue des coteaux adoucis où grimpent les ceps de vigne et où courent des lignes d'arbres, des plaines aimables dont le vert vif est mis en

[1] Conférence prononcée à la *Société des Conférences* le vendredi 31 janvier 1908.

relief par le ruban argenté de la Moselle, paysage qui n'est point âpre ni mystérieux, dont la douceur captive plutôt qu'elle ne conquiert, mais s'impose d'autant mieux, entre au profond de l'être et, tant qu'il respire, emplit ses regards et son cœur. Soudain, moins de dix ans après la guerre, cet enfant est transporté dans une maison de Cadets, aux extrémités du royaume. C'est une faveur qu'a obtenue le loyalisme de son père. Il est élève du roi, il porte son uniforme, il est destiné à servir, comme officier, le roi son bienfaiteur. Et il vit sous un ciel lourd et noir, transi par le vent glacé des plaines neigeuses, au milieu d'enfants hostiles et mauvais qui tournent en dérision la langue qu'il parle, le pays dont il vient, les vaincus dont il est... Comment ne mépriseraient-ils point les vaincus, ceux qui « s'instruisent pour vaincre ». Tout le froisse, cet enfant, et le déchire; plus il est intelligent et généreux, plus il souffre. Il se replie alors sur lui-même; il s'enivre de souvenirs; de ses yeux fermés, il revoit ses plaines natales, et les bosquets verdoyants, et l'eau joyeuse, et les maisons hospitalières; il repasse sur sa langue le goût des vins légers et piquants, des fruits acides, des gâteaux crémeux; il rêve des gloires passées, des vieilles églises, des statues ancestrales au pied de qui sont gravés des serments de mort qui furent tenus. Sur lui-même, rien qu'en lui-même et avec lui-même, il retourne des regrets qui, lorsqu'il regarde autour de lui, deviennent des remords. Il érige un culte intérieur à celui qui lutta jusqu'à la fin pour l'indépendance de son pays. Il le pare d'héroïsme, l'égale aux grands hommes, lui donne du génie ; c'est son dieu, le messie libérateur qui apparaîtra quelque jour pour rendre aux opprimés et aux vaincus l'indépendance et l'honneur — et pourtant cet enfant porte, par grâce spéciale, l'uniforme royal ; il est cadet royal, nourri, élevé, instruit aux frais du roi ; il connaît sa destinée qui est de servir le roi et il ne cherche même pas à s'y soustraire. La lutte qui s'institue, dans son esprit et dans son cœur, entre son passé et son avenir, est si violente que sa raison peut y succomber et que son caractère en portera pour jamais les cicatrices. Quoi qu'il résolve, quoi qu'il fasse, il subit une destinée qui épouvanterait un homme, et il est un enfant.

Tel Napoléon Bonaparte à son entrée à l'école de Brienne. Ce n'est point la France qu'il a perdue, mais la Corse ; ce n'est point le roi de Prusse qui a conquis son pays, mais le roi de France. La conquête en est-elle plus douce pour les vaincus ? Pour être petite et pauvre, la patrie en est-elle moins sacrée ? Le droit qu'un peuple a d'être libre se mesure-t-il au nombre de ses citoyens, à l'étendue de son territoire et à la fertilité de ses plaines ? Le vainqueur est toujours enclin à penser que son joug, à lui, doit être supportable au vaincu, et il applique sa pitié à ceux seulement qui subirent d'autres maîtres. A qui vient de la Corse ensoleil-lée, Autun et Brienne ne sont pas moins sombres qu'à qui vient de Metz, Oranienstein ou Lichter-felde. Pour s'exprimer en une langue au lieu d'une autre, les railleries ne sont pas moins cuisantes, les injures moins sensibles, les blessures moins profondes. Il y a peut-être moins de brutalité ; il y a sûrement plus d'impertinence.

A Autun, encore, l'enfant n'était pas seul ; il avait son frère, Joseph ; les maîtres qu'il avait rencontrés étaient bons et s'intéressaient à lui : en trois mois, l'abbé Chardon lui avait appris assez de français « pour faire librement la conversation et même de petits discours et de petites versions » ; mais, à Brienne, chez les Minimes, les Bonshommes comme on dit, nulle faveur à espérer, nulle protection à attendre : il entre dans le rang, il porte l'uniforme ; il est soldat et il n'a pas dix ans.

Avant de trouver une expression de sa pensée qu'on puisse lui attribuer avec certitude, il faut passer du temps. A Brienne, on reconstitue le milieu, on connaît les maîtres et les camarades, on discerne le régime d'instruction et la discipline, mais, sauf que deux des condisciples de Napoléon ont apporté sur lui leur témoignage, on est réduit, au moins pour les premières années, à des conjectures.

Napoléon a emporté de Brienne, en même temps qu'un profond mépris pour le genre d'instruction que donnaient les Minimes, une sorte de reconnaissance attendrie pour l'hospitalité qu'il a reçue, pour les souvenirs de son enfance qu'il y a attachés. Avec les années, n'arrive-t-il pas que, des lieux où l'on a souffert, on se souvient avec une sorte de plaisir? Une transposition s'opère où l'on prend pour des joies qu'on vous a procurées la joie qu'on a eue d'être enfant et de porter en soi l'allégresse bondissante de la jeunesse emprisonnée. Napoléon fut bon pour tous les êtres qu'il avait rencontrés à Brienne, mieux que bon, car pour certains, peu recommandables, il eut toujours des faiblesses. Principal, professeurs, aumônier, portier, domestiques reçurent de lui des pensions et des places — des places de confiance. Ainsi Hauté, le portier de Brienne, qu'il fit portier à Malmaison. Des camarades, nul qui, par la suite, ne fût placé — et bien — s'il s'adresse à l'ancien camarade devenu premier consul et empereur. En échange, Bonaparte ne demande point de bassesses ou de flagorneries, mais il n'admet point la familiarité, ni le tutoiement. Il ne répugne nullement à appeler aux fonctions les plus intimes de son cabinet ou de sa maison les témoins de sa vie passée : ainsi Bourienne, son secrétaire, « qu'il n'eût jamais éloigné sans sa cupidité » ; ainsi Nansouty, premier chambellan de l'Impératrice, puis premier écuyer — outre général de division et colonel général des Dragons ; ainsi Laplanche-Mortière, adjudant supérieur du Palais des Consuls ; Gudin, gouverneur de Fontainebleau ;

Lelieur de Ville-sur-Arce, administrateur des parcs, jardins et pépinières de la Couronne.

Son orgueil est trop haut monté pour qu'il redoute les souvenirs de son enfance indigente et triste ; il s'y plaît au contraire, et en relève encore sa destinée, mais de ce qu'il fut bienfaisant pour tous, ce n'est point à dire qu'à Brienne il ait eu des amis particuliers. Son cœur était en Corse et c'était à ses frères, à ses tantes, à ses oncles, à ses grand'mères, à tout son monde de Corse qu'il rêvait. Dans les deux lettres qu'on a de lui, écrites de Brienne, il en énumère la litanie : Minana Saveria, Zia Gertruda, Zio Nicolino, Zia Touta, Minana Francesca, Santo, Giovanna, Orazio.

Vis-à-vis de ses frères, à quinze ans qu'il n'a pas encore, il se pose en chef de famille ; il raisonne leur vocation, il discute leurs aptitudes, il dirige leur carrière. Rien de plus précis et de plus formel ; selon une habitude qu'il a déjà et qu'il conservera toujours, il dispose ses arguments par paragraphes, et c'est d'une logique irrésistible. Dès la première lettre qu'on connaisse de lui — lettre de juin 1784, écrite à un de ses oncles, vraisemblablement Nicolo Pallaviccini, voici comme il s'exprime sur son frère Joseph : « Il est en rhétorique et ferait le mieux s'il travaillait, car M. le principal a dit à mon cher père qu'il n'y avait dans le collège ni physicien, ni rhétoricien, ni philosophe qui eût tant de talents que lui et qui fît si bien une version. Quant à l'état qu'il veut embrasser, l'ecclésiastique a été, comme vous le savez, le premier qu'il a choisi. Il a persisté dans cette résolution jusqu'à cette heure où il veut servir le Roi : en quoi il a bien tort par plusieurs raisons : 1° Comme le remarque mon cher père, il n'a pas assez de hardiesse pour affronter les périls d'une action. Sa santé faible ne lui permet pas de soutenir les fatigues d'une campagne, et mon frère n'envisage l'état militaire que du côté des garnisons; oui, mon cher frère sera un très bon officier de garnison, bien fait, ayant l'esprit léger, conséquemment propre aux frivoles compliments et, avec ses talents, il se tirera toujours bien d'une société, mais d'un combat ? C'est ce dont mon cher père doute.

Qu'importe à des guerriers ce frivole avantage ?
Que sont tous ces trésors sans celui du courage ?
A ce prix, fussiez-vous aussi beau qu'Adonis,
Du dieu même du Pinde eussiez-vous l'éloquence,
Que sont tous ces dons sans celui de la vaillance ?[1]

« 2° Il a reçu une éducation pour l'état ecclésiastique. Il est bien tard de se démentir. Mgr l'évêque d'Autun lui aurait donné un gros bénéfice et

[1] Citant de mémoire, car on ne saurait croire qu'il les copie, ces vers, Napoléon les orthographie ainsi :

Qu'importe à des guerriés ces frivoles avantage,
Que font tous ces trésors sans celui du courage
A ce prix fucier vous aussi beau qu'Adonis
Du Dieu mênie du Péon eusiez vous l'élocance
Que son tous ces dons ? sans celui de l'avallance,

soit deux vers faux sur cinq et les autres incompréhensibles.

il était sûr d'être évêque. Quels avantages pour la famille ! Mgr d'Autun a fait tout son possible pour l'engager à persister, lui promettant qu'il ne s'en repentirait pas. Bien, il persiste. Je le loue si c'est de goût décidé qu'il a pour cet état, le plus beau pourtant de tous les corps, et si le grand moteur des choses humaines, en le formant, lui a donné, tel que moi, une inclination décidée pour le militaire.

« 3° Il veut qu'on le place dans le militaire, c'est fort bien, mais dans quel corps? Est-ce dans la marine ? Il ne sait point de mathématiques. Il lui faudra deux ans pour l'apprendre. Sa santé est incompatible avec la mer. Est-ce dans le génie dont il lui faudra quatre ou cinq ans pour apprendre ce qu'il lui faut et, au bout de ce temps-là, il ne sera encore qu'élève du génie, d'autant plus, je pense, que, toute la journée, être occupé à travailler n'est pas compatible avec la légèreté de son caractère. La même raison existe pour l'artillerie, à l'exception qu'il faudrait qu'il ne travaille que dix-huit mois pour être élève et autant pour être officier. Oh ! cela n'est pas encore de son goût. Voyons donc : il veut entrer sans doute dans l'infanterie. Bon ! je l'entends, il veut être toute la journée sans rien faire, il veut battre le pavé toute la journée, et d'autant plus. qu'est-ce qu'un mince officier d'infanterie ? Un mauvais sujet, les trois quarts du temps, et c'est ce que mon cher père, ni vous, ni ma mère, ni mon cher oncle l'archidiacre ne veulent, car il a déjà montré des petits tours de légèreté et de prodigalité. En conséquence, on fera un dernier effort pour l'engager à l'état ecclésiastique, faute de quoi mon cher père l'emmènera avec lui en Corse, où il l'aura sous les yeux. On tâchera de le faire entrer dans le barreau. »

Voilà Joseph. Pour le *chevalier* Lucien, que Charles Bonaparte vient d'amener à Brienne et qu'il a confié en quelque sorte à Napoléon, un signalement en quelques phrases, mais qui peignent : « Il est âgé de neuf ans et grand de trois pieds, onze pouces, six lignes. Il est en sixième pour le latin, va apprendre toutes les différentes parties de l'enseignement. Il marque beaucoup de disposition et de bonne volonté. Il faut espérer que ce sera un bon sujet. Il se porte bien, est gros, vif et étourdi, et, pour le commencement, on est content de lui. Il sait très bien le français et a oublié l'italien tout à fait. » Tous les traits sont là, dessinés au burin, c'est un *portrait parlé*, mais les neuf ans du sujet ne valent pas davantage. Avec Joseph, c'est autre chose : du physique, Napoléon n'a rien à dire ; il n'a point vu son frère depuis cinq ans, mais il a reçu de lui beaucoup de lettres : « Il m'écrit très souvent », dit-il. C'est sur ces lettres qu'il a formé son jugement, qu'il a déterminé le caractère, qu'il a compris l'irrémédiable légèreté, la paresse, le désir de parader et de faire le beau, le manque de hardiesse pour affronter les périls, tout ce qui paraîtra chez le roi d'Espagne, et qu'il détermine cruellement chez l'écolier d'Autun. Mais, en même temps qu'une critique si sévère, si profonde et divinatrice, une admiration passionnée : nul n'a des talents comme lui, nul ne peut, comme lui, être le soutien de la famille. « Quels avantages pour la famille », s'il voulait s'employer pour elle !

De lui-même, rien. Pas un mot, ni dans cette lettre, ni dans celle, un peu postérieure, qu'il écrit à son père, moins confiante qu'à son oncle, moins abandonnée, singulièrement respectueuse, tout aussi précise, en ce qui touche les moyens de carrière pour Joseph. Rien de sa santé, de ses études, de ses espérances. Mais, comme malgré lui, son caractère y paraît et ses idées : son inclination décidée pour le militaire, son dédain en même temps pour ce qui n'est pas les armes savantes : artillerie, génie, marine. Cela persistera en lui, si fort qu'en l'an III, il préférerait quitter le service plutôt que de passer dans l'infanterie, y prendre un commandement de brigade. Les officiers du Corps royal étaient si certains de leur supériorité que, même promus généraux d'armées, ils prétendaient figurer à leur rang et avec leur grade dans l'arme à l'Annuaire de l'Artillerie et ils en tiraient vanité.

Dans la lettre qu'il écrit à son père, Napoléon met cette phrase : « Je vous prie de me faire passer Boswel (*Histoire de Corse*) avec d'autres histoires et mémoires touchant ce royaume. Vous n'avez rien à craindre : j'en aurai soin et les rapporterai en Corse avec moi, quand j'y viendrai, fût-ce dans six ans ! » Voilà précisée la troisième idée directrice qui dominera sa jeunesse : la famille d'abord, l'idée de famille, l'idée de protection sur ses frères ; puis, le militaire, le goût et la passion de ce qui se rapporte à une vocation scientifique militaire — car du bouton de guêtre et du détail d'uniforme, il ne s'est jamais inquiété, et cette ambition du costume, qui détermine, chez tant d'enfants, une sorte de vocation erronée, n'a jamais directement exercé son influence sur lui ; enfin, la Corse, ce qui se rapporte et se rattache à la glorification de la Corse et de ceux qui en furent les héros.

A quatorze ans et demi qu'il a au mois de juin 1784, Bonaparte est tel en sa formation précoce qu'on le trouvera durant les dix années qui vont suivre. Il profitera de l'instruction donnée et, certes, il en a besoin, car si son style, tel qu'il le montre en ses lettres, est déjà tout fait précis, serré, mordant, l'orthographe est invraisemblable ; il ignore qu'il y a des adjectifs qui s'accordent, des verbes qui se conjuguent ; c'est une orthographe phonétique qui ne tient compte d'aucune règle, brise les mots à l'aveugle, les allonge ou les raccourcit selon la fantaisie. Pour déchiffrer, non les caractères, car ils sont bien mieux formés qu'ils ne seront plus tard, mais le texte même, pour deviner et raccorder les mots, il faut une attention qui ne permet point d'embrasser le sens de la phrase ; mais, la translation faite, la pensée se lève, déjà si ferme qu'elle est du métal à médaille.

Tel est Bonaparte à la veille de quitter Brienne. Il y a paru dans « les exercices publics ». Il y a été interrogé sur la syntaxe de la petite grammaire de De Wailly, sur l'arithmétique, la géométrie, l'algèbre, l'application de l'algèbre à l'arithmétique et à la géométrie, la trigonométrie et les sections coniques, sur la géographie et l'histoire. Il faut penser que les mathématiques lui étaient plus propices que l'orthographe, puisque Reynaud des Monts, sous-inspecteur général des Écoles militaires, le jugea digne de passer à l'école de Paris, « de recevoir du Roi une place de cadet-gentilhomme dans la Compagnie des Cadets-gentilshommes établie en son école militaire » ; mais il n'est pas moins un curieux exemple, en ce temps de culture classique, d'un jeune garçon arrivant à la vie sans aucune notion de la langue latine, ni même de la française. De celle-ci, Napoléon ignore toutes les règles, et aussi la prosodie, bien qu'il ait déjà le goût de citer des vers — on ne sait pourquoi, car il les fait tous faux. En dessin et en allemand, quoique matières d'enseignement, nullité pareille. On connaît de lui des lignes de fortifications, machinalement tracées durant des séances du Conseil d'État ; c'est le trait grossier et maladroit d'un enfant. Donc, de l'instruction reçue et qui, certes, ne fait point honneur aux Minimes, rien n'apparaît qu'un peu de mathématiques. Mais l'esprit s'y est affermi dans les trois idées que l'enfant y a apportées et développées : Famille, Patrie, Vocation militaire. Et le caractère s'est trempé : responsabilité, dignité morale, sentiment exalté de la personnalité.

Il faut que, durant l'année scolaire 1784-1785 que Napoléon passa à l'École militaire de Paris, il ait travaillé avec une incroyable ardeur ; car, entré ne connaissant rien de la langue, il sort l'écrivant presque correctement : non qu'il en faille juger par les lettres qu'il écrit, à l'occasion de la mort de son père, à son grand-oncle l'archidiacre Lucien et à sa mère : ce sont des exercices de style revus, corrigés, complétés par les professeurs : rien n'y est sincère, pas même les larmes. Et pourtant de quel amour profond, respectueux, admiratif, Napoléon aimait son père ! On lui fait écrire à sa mère « qu'il redoublera de soins et de reconnaissance, heureux s'il peut, par son obéissance, la dédommager un peu de l'inestimable perte de cet époux chéri ». Quel style de fils à mère ! On a par bonheur des points de comparaison plus authentiques : une lettre tout récemment trouvée, écrite par Napoléon à son cousin Arrighi de Casanova, pour lui demander de venir le voir à l'École militaire. C'est du début de son séjour. Puis diverses pièces de 1786, année d'où partent les manuscrits publiés par M. Biagi et par moi.

Seulement, pour la prosodie, Napoléon n'a point progressé : on a dit qu'il avait fait des vers, notamment une fable : *le Chien, le Lapin et le Chasseur*. Cette fable n'est point si mauvaise, et elle est en vers. Napoléon en était bien incapable : on la trouve dans diverses anthologies et le mieux est qu'on affirme qu'elle fut écrite en 1782, à Brienne, par Napoléon, qui n'avait alors que treize ans. Elle serait donc la première manifestation connue de sa pensée et en vers ! Il y a ainsi des légendes ineptes et commodes dont on ne saurait trouver le point d'origine, mais qui seront pieusement recueillies tant qu'il y aura des collecteurs d'anecdotes. Il faut bien donner la fable pour qu'on en juge.

César, chien d'arrêt renommé,
Mais trop enflé de son mérite,
Tenait arrêté dans son gîte
Un malheureux lapin de peur inanimé.
« Rends-toi ! lui cria-t-il d'une voix de tonnerre
Qui fit au loin trembler les peuplades des bois.
Je suis César, connu par ses exploits
Et dont le nom remplit toute la terre. »
A ce grand nom, Jeannot lapin,
Recommandant à Dieu son âme pénitente,
Demande d'une voix tremblante :
« Très sérénissime mâtin
Si je me rends, quel sera mon destin ?
— Tu mourras. — Je mourrai, dit la bête innocente.
Et si je fuis ? — Ton trépas est certain.
— Quoi, reprit l'animal qui se nourrit de thym,
Des deux côtés je dois perdre la vie !
Que votre auguste seigneurie

Veuille me pardonner, puisqu'il me faut mourir
Si j'ose tenter de m'enfuir. »
Il dit et fuit en héros de garenne.
Caton l'aurait blâmé, je dis qu'il n'eut point tort.
Car le chasseur le voit à peine
Qu'il l'ajuste, le tire et le chien tombe mort.
Que dirait de ceci notre bon Lafontaine ?
Aide-toi, le ciel t'aidera.
J'approuve fort cette méthode-là.

Or, voici, en réalité, comment Napoléon, quatre ans après cette fable qu'on persévère à lui attribuer, car cela fait bien, s'essayait à la poésie. Voici les lignes de longueur inégale et terminées par des assonances à peu près semblables qu'il écrivait sur le feuillet de garde de son Bezout : le *Cours de mathématiques à l'usage des élèves de l'École militaire* :

Grand Bezout, achève ton cours;
Mais, avant, permets-moi de dire
Qu'aux aspirants tu donnes secours.
Cela est parfaitement vrai.
Mais je ne cesserai pas de rire
Lorsque je l'aurai achevé
Pour le plus tard au mois de mai.
Je ferai alors le conseiller.

Pour les mathématiques, il est sûrement meilleur que ses condisciples. En un an d'études, il a appris ce qui, des autres, a demandé deux, trois, quatre années ; dans cet examen de l'artillerie, où concourent non pas seulement les élèves de l'École militaire, mais les aspirants d'artillerie, élèves appointés des diverses écoles de province, il n'y a point préférence pour les cadets-gentilshommes — au moins avant 1783, où ils subissaient l'examen à Metz avec tous les autres. A partir de 1783, ils sont examinés séparément, à Paris, en présence des officiers du corps qui s'y trouvent, et leurs chances paraissent croître.

Cet examen est en forme double : on peut s'y présenter pour élève d'artillerie ou pour lieutenant en second. On saute alors le premier degré, mais on se trouve en concurrence avec tous les élèves d'artillerie ayant quatre à cinq années d'études spéciales ; on est interrogé sur les mêmes matières et par le même examinateur. Ainsi, lorsqu'en septembre 1785, après un an d'École, Bonaparte est admis à l'examen, c'est en même temps que 201 jeunes gens, dont un quart au moins élèves d'artillerie ; 136 subissent les épreuves jusqu'au bout ; 58 sont reçus officiers ; de ces 58, 49 sont élèves d'artillerie. Sur les 58, il est classé le quarante-deuxième ; mais trois cadets-gentilshommes seulement ont, avec lui, affronté l'examen d'officier en sortant des bancs de l'École. — et de ces trois, deux sont entrés en 1781, — Picot de Peccaduc et Phélipeaux, destinés à être les adversaires résolus et souvent heureux de Napoléon, et un en 1783, Desmazis, qui fut, à l'École, son instructeur d'infanterie et qui demeura son ami. L'on peut même dire que Desmazis fut le premier Français pour qui Napoléon ait éprouvé des sentiments de sympathie réelle.

Se présenter après un an d'études et réussir à un examen pour qui les autres candidats ont au moins trois ans de préparation, cela sort de l'ordinaire. Et ce ne sont pas les protecteurs qui y ont influé. Orphelin, pauvre, à peine noble, tout juste Français, Bonaparte n'a aucun ressort qu'il puisse faire agir — et d'ailleurs l'examinateur est Laplace.

C'est ce même Laplace qui, vingt ans plus tard, le 30 floréal an XII, à cheval, entre le président du Corps législatif et le président du Tribunat, proclamera sur les places de Paris, en sa qualité de chancelier du Sénat, le sénatus-consulte appelant à la dignité impériale Napoléon Bonaparte et établissant l'hérédité dans sa famille : « Sire, écrira-t-il, je viens de proclamer, aux acclamations du peuple, empereur des Français, le héros à qui j'eus l'avantage, il y a vingt ans, d'ouvrir la carrière qu'il a parcourue avec tant de gloire et de bonheur pour la France. Puisse la Patrie, que vous gouvernez avec tant de sagesse, après l'avoir retirée de l'abîme, jouir longtemps des fruits de votre génie ! »

Napoléon, consul et empereur, traita ses professeurs, ses examinateurs, ses condisciples de l'École militaire comme il fit de ceux de Brienne ; mais le nombre de ceux qui furent employés, qui parvinrent à des situations et à de hauts grades est bien moindre ; c'est que la plupart des cadets-gentilshommes ont émigré et qu'ils sont restés fidèles à leur foi royaliste. Ceux qui avaient accepté ou sollicité les bienfaits de Napoléon, se hâtèrent de retourner à leurs maîtres, — certains un peu vite, mais le nombre en est médiocre. Lorsqu'on sait qu'aucun n'aurait invoqué en vain les souvenirs de l'École militaire, et que, plutôt que de solliciter l'Empereur, l'immense majorité préféra la retraite et la misère aux emplois et à la fortune, cela n'est point pour donner une médiocre idée des sentiments que prenait la jeune noblesse dans l'hôtel du Champ-de-Mars. La valeur des causes peut se mesurer au nombre, à l'étendue, à la durée des dévouements qu'elles inspirent. En France, la noblesse militaire qui, depuis les origines, avait formé l'inexpugnable rempart de la royauté, témoigna pour elle encore par le sacrifice de ses biens, par son sang largement versé, par la détresse supportée noblement, mieux que cela, par le dédain d'une gloire qui s'ouvrait pour elle, mais qu'elle n'eût acquise qu'en répudiant la fidélité des ancêtres. Les élèves du Roi restèrent les défenseurs du Roi. On en vit qui, n'ayant point de pain, prirent parti dans l'armée impériale comme simples soldats et gagnèrent ainsi leur ration, mais combien peu, désertant les fleurs de lis, firent acte d'obédience à leur ancien camarade, et lui demandèrent, en échange, des titres, des grades et de l'argent!

Le 28 octobre 1785, Napoléone de Buonaparte,

nommé lieutenant en second de la compagnie de bombardiers de d'Autune au régiment de la Fère du Corps royal de l'artillerie, quitte l'École militaire, muni du modeste trousseau que lui a accordé la libéralité du Roi : un uniforme complet, douze chemises, douze cols, douze paires de chaussons, douze mouchoirs, deux bonnets de nuit, deux paires de bas, une boucle de col; une paire de boucles de souliers; une paire de boucles de jarretières; une épée d'uniforme, et un porte-manteau de basane. Dix-neuf ans plus tard, il rentrera dans ce palais, qui a abrité sa jeunesse studieuse; il y rentrera, entre deux haies de ses soldats lui rendant les honneurs, salué du canon, accueilli par les grands de son empire et les représentants des puissances d'Europe; il montera, dans son costume de velours rouge, brodé d'or et d'argent, étincelant de diamants, le collier de son ordre au col, le régent à la poignée du glaive, ces degrés qu'il descend tirant son porte-manteau de basane. Dans les appartements qui étaient au Roi et qui sont les siens à présent, il revêtira les insignes impériaux : la tunique de satin blanc, le lourd manteau de velours rouge brodé d'or et doublé d'hermine; il ceindra sa tête de lauriers d'or, il ajustera à son côté l'épée que le Pape a bénie; il saisira de ses mains le sceptre et la main de justice — et devant son armée entière rangée sur le Champ-de-Mars, devant son peuple entier représenté par les députés des cent huit départements, il paraîtra, lui, l'Empereur que la nation a élu et que le Souverain Pontife a consacré...

Le petit Corse de seize ans, en gagnant par la diligence sa garnison de Valence où, avant d'être reçu officier, il va monter ses grades de canonnier, de caporal et de sergent, est certes bien joyeux de son épée donnée par le Roi et de son brevet contresigné Ségur, mais, s'il se tient obligé, étant au service, d'y remplir ses obligations militaires, il ne se tient point, en tant que Corse, obligé de remplir, envers le roi de France, des devoirs de sujet. Le premier écrit qu'on ait de lui, daté du 26 avril 1786 — trois mois après qu'il a été reconnu devant la troupe — se termine par cette phrase : « Ainsi les Corses ont pu, en suivant toutes les lois de la justice, secouer le joug génois, et peuvent en faire autant de celui des Français. *Amen.* » Cet *Amen* dit tout.

Dès ce premier fragment, l'influence de Rousseau apparaît évidente, non seulement dans les idées, mais dans la forme même des phrases et dans l'imitation du style. Bonaparte, à ce moment, est tout à Rousseau, mais il l'est autrement que les jeunes hommes de sa génération, pour des raisons différentes, plus pressantes et plus intimes.

C'est la Corse, l'amour, la passion de la Corse natale qui l'ont amené à Jean-Jacques. Comment un Corse eût-il résisté à ces phrases du *Contrat social* : « Il y a encore en Europe un pays capable de législation, c'est l'île de Corse. La valeur et la constance avec laquelle ce brave peuple a su recouvrer et défendre sa liberté, mériteraient bien que quelque homme sage lui apprît à la conserver. *J'ai quelque pressentiment qu'un jour cette petite île étonnera l'Europe.* »

On sait que, presque aussitôt, un Corse, capitaine au service de France, M. de Buttafuoco, avait écrit à Rousseau au nom de Paoli, vainqueur des Génois, pour l'inviter à donner au peuple corse un plan de législation ; Rousseau, flatté de cette confiance, avait posé des questions, demandé des renseignements, et, sans pourtant s'engager formellement, s'était montré disposé à fournir des idées générales. Il avait commencé même un travail auquel il attachait une grande importance : « On saura, a-t-il écrit, que je sus voir le premier un peuple disciplinable et libre où toute l'Europe ne voyait encore qu'un tas de rebelles et de bandits, que je vis germer les palmes de cette nation naissante et qu'elle me choisit pour les arroser. » Seulement, devant les quolibets de Voltaire, devant l'envoi en Corse de troupes françaises, devant le traité de Compiègne, il s'arrêta, « jugeant impossible et ridicule de travailler à un ouvrage qui demande un aussi profond repos que l'institution d'un peuple au moment où il allait peut-être être subjugué ».

Aussi bien ce Buttafuoco, qui avait réclamé

de lui une constitution sur le plan du *Contrat social*, était en train de s'entendre fort bien avec le duc de Choiseul pour ménager l'annexion de sa patrie au royaume de France : ce qui ne fut pas sans lui valoir de notables agréments : régiment de son nom, créé à son profit par ordonnance du 1er octobre 1769, titre de comte, grade de maréchal de camp, 8.000 livres de pension, sans parler de concessions importantes, telle que la pêche exclusive de l'étang de Biguglia et de la rivière du Golo. Lorsque, en 1791, Bonaparte s'attaqua avec la violence qu'on sait à Matteo Buttafuoco, ce fut le traître à la nation corse qu'il visa, au moins autant que l'adversaire présent de Paoli. Ou plutôt, il fit masse des griefs de 1764 et de ceux de 1791, et tira des uns et des autres l'acte d'accusation.

Quels qu'eussent été les motifs qui avaient détourné Rousseau de se rendre le Lycurgue ou le Minos du peuple corse, il n'en était pas moins resté aux yeux des Insulaires le seul homme qui leur eût rendu justice; il n'avait renoncé à leur donner des lois et une constitution que par l'horreur de la conquête française. « L'expédition de Corse, a-t-il écrit, inique et ridicule, choque toute justice, toute humanité, toute politique, toute raison. » Bonaparte ne connut point cette phrase, mais il avait pressenti l'esprit qui la dicta.

Il s'attache donc à Rousseau, et si étroitement

qu'on ne trouve pas un morceau de ses études littéraires ou politiques, de 1786 à 1793, qui ne dérive de Rousseau. C'est à Rousseau qu'il pense lorsque « toujours seul au milieu des hommes, il rentre pour rêver avec lui-même et se livrer à toute la vivacité de sa mélancolie », qu'il rêve au suicide, « et trouve la vie à charge parce qu'il ne goûte aucun plaisir et que tout est peine pour lui »; c'est Rousseau qu'il imagine de défendre contre Ant.-Jaq. Roustan, ministre du Saint Évangile à Genève, qui, dans un livre intitulé : *Offrande aux autels et à la patrie*, s'était avisé de contester, à son point de vue de pasteur, le chapitre VII du quatrième livre du *Contrat social*. Que la religion romaine rompe l'unité de l'État, Roustan y consentait, certes, et il applaudissait à la proposition, mais, pour les religions réformées, il le niait et il s'indignait que Rousseau, ci-devant calviniste, le pût croire. Ce pasteur avait joint sans doute à son ministère le fonds de M. Josse. Bonaparte le prend à partie, il le jette en des mauvais coins où il le serre; dans ce morceau, qu'il écrit de verve à moins de dix-sept ans, il se trouve avoir formulé sur l'unité de l'État vis-à-vis des divers cultes qui y sont pratiqués, une doctrine fort approchée de celle qu'il tentera d'appliquer, consul et empereur, depuis le Concordat jusqu'en 1813. Encore s'y montrera-t-il plus libéral qu'il n'était en sortant de Rousseau. C'est Rousseau qu'il imite lorsqu'il écrit, lui aussi, un chapitre de ses *Confessions*, lorsqu'il s'essaye à discourir sur l'amour de la Patrie. Même lorsqu'il voudrait être plaisant et qu'il tente de l'être, comme dans le *Projet de constitution de la calotte du régiment de la Fère*, il ne parvient point à se défaire de Rousseau; il retombe vite aux dissertations politiques et l'on ne sait trop s'il met de l'ironie ou du sérieux dans ses propositions qui présagent presque l'institution future du Sénat conservateur. La Corse est au fond de tout, il la pare de ses idées, il l'agrémente de ses phrases, il fait d'elle une divinité, d'autant plus respectée qu'elle est plus lointaine et qu'elle lui est plus inconnue. Pour le désabuser, il faudra qu'il l'ait fréquentée et qu'il y ait vécu. Rien ne rend incroyant comme d'approcher les dieux et de participer à leur culte.

Telles sont les spéculations de son esprit, mais est-ce assez dire qu'il s'est fait en même temps l'agent d'affaires de la famille; il est constamment en mouvement, rédige des mémoires, écrit des lettres, présente des placets, toujours au nom de sa mère, pour laquelle il signe, pense, agit; se multipliant pour obtenir des secours, alléguant de prétendues injustices, réclamant même, d'un verbe hautain, des droits qui sont, à tout le moins, illusoires, mais qu'il soutient avec tant de persévérance et d'audace qu'il les rend discutables et les fait prendre au sérieux. Il n'en a d'ailleurs nulle gratitude : ce n'est pas faveur, mais justice. Peut-être le croit-il. Tout à l'heure, il amènera son frère Louis, le prendra à sa charge, se fera, de l'enfant, le répétiteur, le professeur, le père nourricier. « La famille », — « l'avancement de la famille », — « le bien-être de la famille », c'est l'unique de ses préoccupations matérielles, car de lui-même il ne s'occupe point. Il vit en ascète, et lorsque, plus tard, il se parera du luxe imaginaire de ses garnisons, lorsqu'il tentera d'effacer ces années de misère militaire, soutenues d'un si bel orgueil et d'une si constante austérité, tout aussitôt il en saisira le ridicule et il réclamera cette pauvreté superbe dont il fit son honneur.

Sur le métier, où il pousse son travail et où il s'exerce, du goût, de l'aptitude, des succès; rien qui sente l'esprit d'invention. Il utilise au mieux les outils qu'il a, il n'en cherche pas de nouveaux : il se borne à être un artilleur, un artilleur dans les bons principes : persuadé que « *depuis la nouvelle réforme, il ne reste rien à désirer du côté de la perfection* ». Dans ses papiers d'étude, on trouve du technique et du pratique, rien qui le montre tourné vers la stratégie, rien qui atteste une inclinaison à raisonner en grand du militaire. Cela même échappera seul à son esprit de réforme lorsqu'il le promènera sur tous les sujets. La formation de son génie reste profondément obscure. On peut croire qu'il le sent éclore, lorsque, par les circonstances, il y fait appel, et que ce génie se développe au contact des événements.

Telle est la vue qu'a permis de prendre de la jeunesse de Napoléon — de ses seize à ses vingt ans — une enquête rendue aisée par l'abondance des matériaux, par la netteté des mobiles, par l'absence de complication dans les sentiments. Tel il est, tel il reste, car, s'il est immense, il est simple.

Au cours de sa vie, comme tout homme, il sèmera sur les routes les épaves de sa jeunesse. Cette passion pour Rousseau, attestée encore en 1791 par le discours de l'Académie de Lyon, sera la première à périr : il la reniera disant : « Il eût mieux valu, pour le repos de la France, que cet homme n'eût pas existé. » Mais elle restera tout de même au fond de lui et, si ce n'est pour le *Contrat social*, ce sera, jusqu'aux dernières heures, pour la *Nouvelle Héloïse*.

La Corse, délaissée lorsqu'elle aura trompé ses ambitions, lorsqu'il y aura éprouvé l'insupportable supériorité de rivaux qu'il juge indignes de lui, lorsqu'il y aura subi la mortification d'y être traité en étranger, en francisé, en ennemi de Paoli, son ancien dieu, la Corse restera pourtant au premier rang de ses affections; il oubliera la conspiration d'Ajaccio en 1809, la trahison de Bastia en 1814; il se bercera de l'idée que « s'il s'était retiré en Corse, il eût été bien sûr d'y réunir tous les vœux, toutes les opinions, tous les efforts et il y eût été à l'abri contre toute puissance étrangère ». Aux heures presque de l'agonie, il cherchera sur ses lèvres le bouquet du vin paternel, qui, seul, rafraîchirait sa bouche. Par toutes ses fibres, il reste attaché à la Corse dont il avait fait, pour sa famille et son parti, une sorte de fief qu'administraient Madame et Fesch et où de grasses sinécures, payées par la France, récompensaient les anciens dévouements.

Pour la famille, jusqu'en 1810, jusqu'à l'époque où la passion paternelle se substitue en lui au sentiment fraternel, il en fait le pivot de sa politique, il y subordonne, il y sacrifie tout; il s'emploie presque uniquement pour elle; elle seule donne la clef de son système; elle seule explique et justifie ses contradictions apparentes et c'est elle qui l'entraîne à des entreprises où sombrera sa fortune et par qui croulera le gigantesque édifice qu'il avait élevé. Et, lorsque l'objet de son amour paternel lui sera ravi, il reviendra à la famille; il croira encore qu'elle apporte le salut et rien ne l'aura désabusé.

Le militaire, faut-il dire qu'il lui fut une passion durable et dominante, qu'il ne cessa de méditer sur un art auquel il appliquait tout l'effort de son génie, et lorsque cet art aussi l'eut trompé et déçu, il ne cessait de reprendre et de retourner les causes et les improbabilités de sa défaite, n'admettant point que lui, le maître, eût rencontré d'autre adversaire supérieur que le Destin.

Ainsi les idées directrices de son enfance et de

sa jeunesse persistent durant toute sa vie et l'éclairent. Pour comprendre le Consul et l'Empereur, le distributeur de trônes et le faiseur de rois, il faut l'écolier de Brienne, le cadet-gentilhomme de l'École militaire, le lieutenant de Valence et d'Auxonne. Tout en lui se tient et s'enchaîne et il n'est pas une de ses heures dont l'histoire ne doive être comptable.

NAPOLÉON ET LES FEMMES [1]

Le sujet que je me suis engagé à traiter devant vous serait, selon qu'on l'envisage, très petit ou immense. Si je tentais de vous exposer quel rôle Napoléon avait réservé à la femme dans la société inorganisée qu'il avait recueillie de la Révolution, quelle éducation il lui préparait, quelles fonctions il lui destinait, il faudrait bien des heures ; si j'énumérais les femmes qu'il a rencontrées et les aventures banales qu'il eut avec chacune d'elles, cela ne ferait que lui donner une apparence assez vulgaire d'un homme à bonnes fortunes qu'il n'était point, et cela serait fort court : pour être un séducteur, il faut du temps, et il était pressé. Il n'avait rien d'un débauché et s'il acceptait les occasions qui s'offraient, on ne saurait dire qu'il les cherchât. Rappelons-nous qu'il était, à son entrée au Consulat, un homme de trente ans, et qu'il en avait quarante lors du mariage autrichien, après

[1] Conférence prononcée à la *Société des Conférences*, le 28 février 1908.

lequel on ne sait guère d'anecdotes de ce genre. Ces dix années-là, un homme, qui est Bonaparte, pourrait les compter doubles ; mais il faisait d'autres campagnes, et ce n'étaient là que loisirs des garnisons. Ce qui vaut mieux d'être regardé que ces belles de l'appartement secret des Tuileries et de Saint-Cloud dont je ne pourrais faire revivre les grâces évanouies, fondues depuis un demi-siècle au moins, avec les *neiges d'antan*, c'est la formation sentimentale de Napoléon, sa façon très personnelle de concevoir l'amour, sa faiblesse envers la femme vis-à-vis de laquelle il se croit si fort, et son incompréhension de ce qu'elle est. En ceci, l'homme de génie n'est pas mieux renseigné que les autres hommes. Les deux sexes vivent et se reproduisent dans un perpétuel malentendu. Ils s'étreignent sans que leurs âmes disparates se pénètrent et le mensonge est la loi constante de leurs rapports. Aussi, étant homme, me garderai-je de discuter ce que les femmes ont pensé de Napoléon, — cela serait affaire aux femmes ; je voudrais seulement essayer de regarder ce qu'il a pensé d'elles — ou plutôt à propos d'elles.

Pauvre, exilé, solitaire, Napoléon a vécu sa jeunesse entre ses trois passions : sa patrie, sa famille, son métier. La femme n'y a point de place. Il est tout à ses études, aux besoins des siens et à ses rêves. Il est rude d'aspect, peu frotté de monde ; il n'a rien pour plaire ; dans une société polie, aimable, où la femme est reine, il aurait tout pour déplaire, si, par réaction, la sauvagerie n'était à la mode, et si, après Paris enivré de Rousseau, la province n'était pleine d'indulgences pour les fils, petits-fils et bâtards de Jean-Jacques. Mais Bonaparte ne dérive de Jean-Jacques que par l'éducation intellectuelle : Il est sain et il est droit, poussé avec une naïveté de fond qu'il déguise sous un vernis de roideur autoritaire et compétente ; il n'est pas un aliéné ; il n'est pas davantage un profiteur ; son âme est fière ; sa pauvreté est ombrageuse. Surtout il est timide, et cela le rend brutal. Une très grande crainte du mystère féminin se résout en lui par la brusquerie des axiomes.

Il nie la femme, parce qu'il en a peur et qu'il l'ignore. Cela lui est commode. Une femme fait-elle attention à lui, est-elle polie, est-elle familière — s'entend d'une de ces familiarités de bonne compagnie qui ne tirent à nulle conséquence, qui tiennent simplement à l'aisance d'une éducation mondaine ? Aussitôt, il s'émeut, se jette en sentimentalisme et, s'il arrive qu'avec une de ces jeunes filles il soit allé cueillir des cerises, il n'est plus le lieutenant Bonaparte, il est Jean-Jacques lui-même : « Je me disais en moi-même : « Que mes « lèvres ne sont-elles des cerises ! Comme je les « leur jetterais ainsi de bon cœur ! » Il n'est point enhardi, mais il rêve, et, plus tard, comme il se souvient ! Lorsque Mlle du Colombier, devenue

Mme de Bressieux, lui écrit, en l'an XII, à la veille du jour où il va monter au trône impérial, n'est-ce pas pour lui comme est, pour Rousseau, la pervenche retrouvée à Cressier; tous les souvenirs remontant au cœur, l'installation aux Charmettes et Mme de Warens disant : « Voilà de la pervenche encore en fleur ! »

Certes, Bonaparte est de ce temps, de cette formation et de cette école. Il en portera jusqu'à la fin la marque qui est indélébile : de même qu'aussi de cette pauvreté originaire qui l'a tenu dans une chasteté un peu rude où il y a de l'Hippolyte.

De ce qu'il a consigné dans ses papiers la banale aventure de ses dix-huit ans avec une fille du Palais-Royal, il ne faut point tirer de conséquences. Cette promeneuse des Galeries qui lui procurera de mélancoliques plaisirs est simplement l'objet d'une expérience qui révèle une psychologie enfantine. S'il note le jour et le lieu de l'aventure : « Jeudi, 22 novembre 1787, hôtel de Cherbourg, rue du Four-Saint-Honoré », ce n'est point par reconnaissance, mais par esprit de précision coutumière.

Tout de suite, au reste, Napoléon retourne à ses rêves. La débauche n'a pas prise sur lui, et certes il est naïf : n'est-ce pas à cette ingénue des Galeries qu'il imagine d'adresser un discours sur l'Amour comparé à l'amour de la patrie et à l'amour de la gloire? Au moins l'a-t-il écrit à Paris, au même hôtel, très peu de jours après la rencontre du Palais-Royal, et c'est « le tableau fidèle des sentiments qui agitent un cœur où toute la perversité des hommes n'a pas encore pénétré ». Et comme il traite l'Amour, comme il le maudit, comme il le déclare ignoble et ravalant. Aimer la patrie, la gloire, à la bonne heure! Mais la femme!

Et ce ne sont point là des idées de repentir, de fugitives résolutions que cueillera au passage le premier minois gracieux : quatre ans plus tard, dans un *Dialogue sur l'Amour*, où il se met lui-même en scène avec son camarade Desmazis, voici comme il s'exprime sur l'Amour : « Je vous dis plus que de nier son existence; je le crois nuisible à la société, au bonheur individuel des hommes, enfin je crois que l'amour fait plus de mal... et que ce serait un bienfait d'une divinité protectrice que de nous en défaire et d'en délivrer le monde. » Les arguments se sont développés et ce n'est plus à l'amour seul de la patrie qu'il entend que Desmazis sacrifie son Adélaïde, c'est à l'amour du devoir, à l'ambition, à ce qu'il nomme la vertu : « Quoi! chevalier, lui dit-il, vous croyez que l'Amour est le chemin de la vertu? Il vous *immétrique* à chaque pas. Soyez sincère. Depuis que cette passion fatale a troublé votre repos, avez-vous envisagé d'autre jouissance que celle de l'Amour? Vous ferez donc le bien ou le mal selon les symptômes de votre passion. Mais, que dis-je! Vous et la passion ne font qu'un même être. Tant qu'elle durera, vous n'agirez que par elle! » Et il développe combien de devoirs sacrés l'infortuté Desmazis va négliger pour son Adélaïde.

Misogyne, non pas, mais il comprend alors la femme d'une façon toute chaste, toute familiale, on peut dire toute corse. Dans le discours présenté à l'Académie de Lyon, qui est de la même époque et de la même veine que le *Dialogue sur l'Amour*, il écrit : « Sans femme, il n'est ni santé ni bonheur. Vous enseignerez donc à la classe nombreuse des célibataires que leurs plaisirs ne sont pas les vrais, à moins que, convaincus qu'ils ne peuvent vivre sans femmes, ils ne fondent sur celles des autres la satisfaction de leur appétit. Vous les dénoncerez dès lors à la société entière. » Le mariage est donc le lien essentiel de la société telle que la conçoit alors Bonaparte. Hors le mariage, point d'amour physique. Nul homme ne saurait se soustraire au mariage sans devenir dangereux pour ses semblables; nul ne saurait être physiquement heureux hors du mariage; mais ce n'est pas tout que le physique, il y a le *Sentiment*. « Qu'est-ce que le Sentiment? dit Bonaparte. C'est le lien de la vie, de la société, de l'amour, de l'amitié. C'est lui qui unit le fils à la mère, le citoyen à la patrie, l'homme à l'intelligence supérieure, l'homme à la société, l'homme à l'homme; c'est donc principalement par et pour le Sentiment que nous vivons. »

Ce sont là des phrases : suffisent-elles à donner une idée à peu près nette de ce que Bonaparte avait en tête ? Le mot *Sentiment* n'est point aisé à définir, mais quelle fortune il obtint alors ! Tout y fut Sentiment et l'on assure que *Sentiment* était là pour sensibilité. En effet, l'on appela *Sensible* l'être qui témoignait du *Sentiment :* ce qui n'expliquait pas mieux ce qu'on entendait dire ; car la *Sensibilité* n'est point, dans ce cas, « le pouvoir qu'a l'homme d'être accessible au plaisir ou à la douleur » ; c'est une certaine émotivité, fort multiple en ses manifestations, qui est provoquée, dit Bonaparte, par la contemplation de la nature, par le spectacle des monuments, par l'influence du milieu, par la solitude, par le patriotisme, et qui prend des aspects différents selon les différentes vicissitudes de la vie. C'est ainsi qu'il distingue le respect et la confiance du Sentiment, l'estime et l'attendrissement du Sentiment ; la réconciliation du Sentiment, l'indignation du Sentiment, l'exécration du Sentiment, le culte du Sentiment, l'orgueil du Sentiment, la fierté du Sentiment. Ce Sentiment, qui est l'apanage des âmes privilégiées, met, si l'on peut dire, la pédale aux impressions qu'elles reçoivent, les fait chanter plus profondément et en prolonge la vibration, et c'est par la femme que le *Sentiment* doit être développé et modéré chez l'homme : « Une femme, dit Bonaparte, est nécessaire au jeu de son organisation animale, mais elle l'est bien plus à la satisfaction de son Sentiment. C'est la compagne de la nature, faite exprès, modifiée exprès; qu'il la reçoive donc pour elle-même et, l'identifiant à son être, qu'il en devienne inséparable! Que son cœur s'épanche dans cet autre lui-même! Plus forts contre les appétits déréglés, l'un et l'autre seront plus sensibles aux charmes de la vie. La douceur de l'union corrigera les sévérités de la rêverie, rendra la mélancolie plus tendre, les jouissances plus variées, le vaste champ du Sentiment plus abondant et plus fertile encore. »

Ne voit-on pas, là même, apparaître un des traits caractéristiques de Napoléon : la femme lui semble nécessaire au développement et à l'exercice du Sentiment, mais ce qui importe, c'est lui-même, ce qui l'occupe, c'est lui — car où il écrit *l'homme*, il faut bien lire Napoléon. Il demande à la femme d'être l'objet déterminant ses impressions physiques ou mentales, mais il n'a point l'air de se soucier de ce qu'elle pensera ou de ce qu'elle éprouvera. Il imagine — car jusqu'ici son expérience est singulièrement courte — la femme comme une matière à expériences pour son esprit, plus que pour son corps; car, dit-il, « les illusoires plaisirs des sens détraquent d'abord la machine de l'homme; surtout ils enlèvent à celui qui s'y livre la pureté de tact, la sensualité morale, la délicatesse d'une bonne conscience; » mais, cette matière ne la tient-il pas pour inerte? Admet-il qu'elle puisse palpiter, elle aussi, éprouver au même degré que l'homme des impressions à peu près semblables? Il n'a point l'air de s'en soucier — ou plutôt, il ne met pas en doute que, dès que l'homme épouse la femme, la femme acceptera humblement la situation qui lui est faite. Elle se trouvera même très heureuse en sa soumission et n'aura garde de s'évader, soit par la révolte ouverte, soit par la révolte cachée. Pourtant, ce n'est point l'amour physique qu'elle doit ressentir et inspirer et ce n'est pas sur lui qu'elle peut compter. « L'homme, dit Bonaparte, ne doit se livrer à l'impulsion des sens qu'autant qu'il le faut pour sa conservation animale. Par le Sentiment, il goûte les vrais plaisirs. La raison non seulement lui en assure la durée, mais encore lui en procure d'assez vifs pour mériter une part distinguée dans le répertoire de ses goûts. » Que pensera la femme durant ce temps et comment, elle aussi, cultivera-t-elle le Sentiment? Bonaparte ne s'en inquiète pas, mais d'abord est-elle faite pour l'éprouver?

Tout cela procède directement de l'atavisme corse; d'une conception de la femme servante de l'homme, n'ayant part ni à ses affaires, ni à ses plaisirs, gardant la maison et les enfants, et réputée chaste — sous peine de mort. La femme n'est point là pour autre objet que de procurer à son maître des variations sentimentales auxquelles il n'a garde de l'initier.

L'amour physique est donc néfaste. Est-ce assez dire? « Voyez, écrit Bonaparte, ce jeune adolescent livré à l'amour : il s'agite, il gémit, il pleure. Un feu dévorant circule dans ses veines; rien ne peut le tranquilliser. Que veut-il? Qu'a-t-il? Que désire-t-il? Tantôt, il frémit, il hurle comme le lion d'Afrique. Tantôt, il chante avec la mélodie du cygne ou la tendresse de la colombe... Il se crée des monstres pour les combattre et en être tourmenté. Le monde est réduit pour lui à un seul appartement, l'opinion a une seule bouche, le bonheur à une seule fantaisie. La morale, la vertu, la société, la nature, la patrie, un père et une mère jusqu'ici chéris, tout lui devient étranger, tout lui devient insupportable, car il n'est ni morale, ni vertu, ni société, ni parents sans des devoirs à remplir, et, des devoirs, il ne pratique, il ne respecte que ceux de sa passion; il a des plaisirs et des peines sans doute, mais se compensent-ils? Ce n'est pas là notre question. Jouit-il du sentiment naturel? Non... Jouit-il de la raison? Il ne connaît que les préjugés de la passion; cela étant, aurait-il accumulé tous les plaisirs imaginables, il ne serait pas heureux, ne vivant pas conformément à son organisation, ne jouissant pas de la liberté ni animale, ni morale. »

Ah! Caton de vingt-deux ans, Caton que gardent de la femme la pauvreté, la solitude, la timidité, Caton qui mesure la violence de tes réquisitoires contre l'amour à l'envie peureuse que tu as de la femme, comme ta pédante sagesse tombera vite et s'abîmera lorsque tu la rencontreras, la femme qui daignera t'encourager et qui n'attend que ton attaque pour y céder ! Comme alors l'expérience de nature tentée avec Mme Turrean, la femme du conventionnel, les serments du sentiment échangés avec la petite Provençale Désirée Clary, seront vite oubliés! Bonaparte est à Paris; la femme, la Parisienne apparaît : « Ici seulement, dit-il, de tous les lieux de la terre, les femmes méritent de tenir le gouvernement... Une femme a besoin de six mois de Paris pour connaître son empire et savoir ce qui lui est dû. » Et encore : « Les femmes, qui sont ici les plus belles du monde, deviennent la grande affaire; » et c'est de toutes les femmes à la fois qu'il est amoureux; c'est sur elles toutes qu'il promène l'exaspération d'un désir qui ne sait comment s'exprimer, qui ignore les paroles qu'il faut dire, les gestes qu'il faut faire, qui se paralyse de timidité et d'inexpérience.

C'est aux femmes accomplies et déjà mûres que va, comme de juste, sa jeunesse effrayée et sauvage ; la femme ne peut être pour lui que l'être de volupté, dont l'extérieur, tout factice, combine les grâces apprises, les attitudes étudiées, la science de la toilette, des parfums et des fards, avec l'absence des préjugés, l'exercice habituel de la volupté et une corruption qui sait faire des avances. Mais, telle est la naïveté de Bonaparte que, devenu l'amant d'une de ces femmes, — et non de la plus jeune ni de la plus belle — il croit à la réalité du luxe dont elle s'entoure — et quel pauvre luxe! — il croit à la grandeur du nom qu'elle porte, à la solidité de sa fortune, à la réalité de son influence; si bien que, ne concevant aucun autre moyen de s'attacher une telle femme, de conserver une telle conquête, tout de suite, il lui offre de l'épouser, et il est certain qu'ainsi il assure sa destinée.

Ce n'est pas l'ambition seule qui l'enchaîne à elle, bien que celle-ci y soit pour beaucoup, bien que l'hôtel qu'habite la ci-devant vicomtesse de Beauharnais, le petit cercle d'anciens nobles qui se réunissent chez elle, l'intimité où elle est avec certains Directeurs, le train qu'elle paraît avoir, les remises qu'elle dit recevoir des colonies — et qui toutes n'en viennent pas, — le titre dont elle se pare, la viduité même dont elle joue, tout cela lui jette de la poudre aux yeux, l'enivre comme d'un breuvage inaccoutumé, élégant, très cher, si longtemps souhaité, dont les lèvres approchent enfin. Mais ce n'est point tout que l'ambition, ce n'est point tout que ce prestige mondain dont il l'entoure, ce n'est point tout que cette fortune dont il la pare et qu'il n'a garde de scruter, tant il paraît craindre qu'elle lui échappe : non, il l'aime, il l'aime, ah! bien autrement que l'infortuné Desmazis n'aimait son Adélaïde!

Le Sentiment a peut-être bien encore sa place, mais combien plus « les illusoires plaisirs des sens »! N'est-ce pas son propre portrait qu'a tracé Bonaparte par son « jeune adolescent livré à l'amour ». Entre tant de lettres que, de chaque maison de poste sur la route de Nice, de chaque bivouac en Piémont, de chacune de ses stations sur la voie triomphale, il lance à l'adresse de *la citoyenne Bonaparte chez la citoyenne Beauharnais, 6, rue Chanterenne* — car, pour son monde, la vicomtesse n'avoue point encore qu'elle s'est mésalliée; — entre tant de lettres dont la moindre partie seulement est connue, car ces lettres, — trois ou quatre par jour, — Joséphine les donne à qui veut, les prête à lire au premier venu, les laisse traîner sur les meubles, les égare sur les chemins, les jette au vide-poches et aux tiroirs, — entre tant de lettres, qu'on en prenne une, presque au hasard. Presque, car on risquerait, en ne corrigeant point le hasard, de tomber sur des lignes qu'il faudrait remplacer par des points, et ces points courraient tout le long des pages.

En voici donc une, point des plus passionnées :

« Je n'ai pas passé un seul jour sans t'aimer; je n'ai pas passé une nuit sans te serrer dans mes bras; je n'ai pas pris une tasse de thé sans maudire la gloire et l'ambition qui me tiennent éloigné de l'âme de ma vie. Au milieu des affaires, à la tête des troupes, en parcourant les camps, mon adorable Joséphine est dans mon cœur, occupe mon esprit, absorbe ma pensée. Si je m'éloigne de toi avec la vitesse du torrent du Rhône, c'est pour te revoir plus tôt. Si, au milieu de la nuit, je me lève pour travailler, c'est que cela peut avancer de quelques jours l'arrivée de ma douce amie. Et cependant, dans ta lettre du 23, du 26 ventôse, tu me traites de vous. *Vous* toi-même. Ah! mauvaise, comment as-tu pu écrire cette lettre! Qu'elle est froide! Et puis du 23 au 26, restent quatre jours. Qu'as-tu fait, puisque tu n'as pas écrit à ton mari?... Ah! mon amie, ce *vous* et ces quatre jours me font regretter mon antique indifférence. Malheur à celui qui en serait la cause! Puisse-t-il, pour peine et pour supplice, éprouver ce que la conviction et l'évidence me feraient éprouver! L'enfer n'a pas de supplice!... Ni les furies de serpent! *Vous! vous!* Ah! que sera-ce dans quinze jours?... Mon âme est triste, mon cœur est esclave et mon imagination m'effraie... Tu m'aimes moins, tu seras consolée, un jour tu ne m'aimeras plus. Dis-moi-le, je saurai au moins mériter le *malheur*... Adieu, femme, tourment, bonheur, espérance et âme de ma vie, que j'aime, que je crains, qui m'inspire des sentiments tendres qui m'appellent à la nature, à des mouvements tempestueux aussi volcaniques que le tonnerre. Je ne te demande ni amour éternel, ni fidélité, mais seulement... *vérité, franchise* sans bornes. Le jour que tu diras : *je t'aime moins* sera ou le dernier de mon amour ou le dernier de ma vie. Si mon cœur était assez vil pour aimer sans retour, je le hacherai avec les dents. Joséphine ! Joséphine ! souviens-toi de ce que je t'ai dit quelquefois : « La nature m'a fait l'âme forte et « décidée, elle t'a bâtie de dentelle et de gaze. » As-tu cessé de m'aimer? Pardon, âme de ma vie, mon âme est tendue sur de vastes combinaisons. Mon cœur, entièrement occupé par toi, a des craintes qui me rendent malheureux. Je suis ennuyé de ne pas t'appeler par ton nom, j'attends que tu me l'écrives. Adieu! Ah! si tu m'aimes moins, tu ne m'auras jamais aimé; je serais alors bien à plaindre. »

Sincère, tout cela? — Sans doute, avec, tout de même, un soupçon de littérature. Où n'en met-on pas alors ? Qui n'en a mis dans des lettres d'amour ? — surtout en ce temps, avec cette éducation et cet idéal. Ce qui le montre, ce sont les dernières lignes, c'est surtout le *post-scriptum* qui retombe au positif et où apparaît l'homme pratique : « Cette armée n'est plus reconnaissable; j'ai fait donner de la viande, du pain, des fourrages, ma cavalerie armée marchera bientôt; mes soldats me montrent une confiance qui ne s'exprime pas. Toi seule me chagrines, toi seule, le plaisir et le tourment de ma vie. Un baiser à tes enfants dont tu ne parles pas. Pardi ! cela allongerait tes lettres de la moitié. Les visiteurs à dix heures du matin n'auraient plus le plaisir de te voir. Femme ! »

Voilà du vrai Bonaparte, du Bonaparte ironique qui, d'un trait, frappe au but, du Bonaparte précis qui résume d'un mot la situation, du Bonaparte paternel et bien plus pris qu'on n'imagine par ses beaux-enfants, du Bonaparte conquérant et stratège qui étudie son échiquier et y manœuvre ses pions. L'autre ne serait-il donc pas vrai? — Si bien, mais il se fouette de la passion qu'il éprouve, il ne hait point d'amplifier et il se plaît à exaspérer le *Sentiment* pour en mieux jouir.

L'on trouverait un pareil contraste dans la plupart de ces lettres — celles écrites depuis le 21 ventôse an IV que Bonaparte a quitté Paris, jusqu'au 25 messidor où il retrouve Joséphine à Milan : juste quatre mois et deux, trois, quatre cents lettres, on en retrouve toujours. Une part de passion et de désir, qui est la poésie, une part, la moindre, de réalité qui est la prose. Mais il ne va jamais jusqu'à donner à cette femme qu'il veut si ardemment près de lui la moindre ouverture sur ses idées ou ses projets ; à peine si, en trois mots, il lui envoie les nouvelles qui courent et qui sont à tout le monde. Il fait deux parts de lui-même, si nettement tranchées qu'elles ne semblent point du même homme : les affaires et ce qui s'y rattache qu'il garde uniquement pour lui ; l'amour et un peu — très peu — les enfants, la santé, les choses domestiques. Encore ce très peu, seulement dans quelques lettres. Avec Joséphine, il n'est point dans l'attitude d'un mari avec sa femme, ni même d'un amant avec sa maîtresse, mais d'un poète devant sa muse. Il lui demande de suggérer des sensations et du sentiment; non d'y correspondre. Il a raison d'ailleurs : que dit-elle en recevant ces vagues de flamme qui devraient incendier son cœur, en lisant des passages de ces lettres à ses visiteurs de dix heures? Elle dit avec ce petit accent créole qui lui sied : « Il est *drolle*, Bonaparte. » Donc, cette passion est un instrument dont il se joue des airs en solo. Seulement, il croit à sa musique. Il y croit si bien, et il en éprouve si fortement l'harmonie, que, même le feu tombé, la cendre reste brûlante. Et ce n'est plus par des mots qu'il l'exprime, mais par des actes.

Cette femme qu'il a faite la première de France — au point qu'on l'y invoque sous le vocable de Notre-Dame des Victoires —; cette femme aux pieds de laquelle il a mis les princes et les grands de l'Italie conquise, à qui il a ouvert les trésors des églises et des palais et qui a perçu au moins la dîme du butin fait par les généraux; cette femme soudain promue, par cette rencontre, des angoisses d'une galanterie besogneuse à la sécurité de la plus glorieuse fortune, dès qu'elle rencontre un soldat vigoureux qui lui fait la cour, ou un calembouriste râblé qui la distrait, se donne et se livre. Lorsqu'on voit Joséphine errer à travers l'Italie avec M. Charles, durant que Bonaparte l'attend à Paris, l'on se prend à penser que Barras ne l'a pas tant calomniée...

Bonaparte, au retour d'Égypte, n'ignore rien de ce que Joséphine a fait en Italie, rien du spectacle qu'elle a donné durant qu'il était éloigné. Et il pardonne, et il oublie. Il a cette surprenante faculté d'abolir de sa mémoire les griefs qu'il a formés : homme ou femme, n'importe. S'il pardonne l'offense, elle n'existe plus. Les hommes savent ce qu'ils font lorsqu'ils agissent contre leur devoir ou leur conscience, tandis qu'à son compte, et combien de fois le dira-t-il, la femme qui cède n'est point coupable. Elle suit la loi de son organisme. La faute est au mari ou à l'amant, qui ne devait point quitter la place. Sans les verrous, la femme s'échappe; sans la continuelle surveillance, la femme succombe. Il faut les grilles, et doubles, et triples pour que l'époux acquierre une sorte de sécurité physique; car, pour la sécurité morale, il n'y doit pas compter. Les grilles, cela serait par trop oriental, mais Napoléon saura y suppléer et, lorsqu'il aura une épouse — car Joséphine n'aura jamais été que l'amante, la maîtresse, et ensuite l'habitude — il l'enfermera sous quatre femmes rouges, gardes du corps d'extrême confiance, qui ne la quitteront ni le jour ni la nuit et qui, filles et sœurs de soldats, recevront un uniforme et exécuteront une consigne — comme des soldats.

Cela n'est point avoir de la femme une idée très haute, mais Bonaparte n'a vu que la femme formée par la Révolution et éduquée par la République, la femme à divorces et à unions libres, la femme que la peur de l'échafaud, le besoin d'argent, l'attrait du plaisir, ont rejetée de la société organisé, vaille que vaille, de l'ancien régime, dans cette barbarie anarchique que pare, de ses façons de gentilhomme habitué des tripots, l'ancien commensal de Mme de La Motte-Valois, le dictateur Barras. En vérité, ce n'était point au Luxembourg — en ce temps-là — qu'il devait fréquenter pour apprendre le respect de la femme. Non plus en Égypte, où, s'il n'a point pris ses habitudes avec des femmes d'Orient, Bellilote, l'épouse de l'infortuné Fourès, s'est montrée bien moins inexpugnable que Saint-Jean-d'Acre, et s'est rendue à la première sommation. — Et c'est tout. Est-ce que, en vérité, pour garder de telles femmes à un seul homme, c'est trop de grilles et de cadenas?

Que la femme trompe, c'est donc sa vocation, même si ce n'est pas son plaisir. Joséphine n'y a pas manqué. Que lui reprocherait-il? Il pardonne donc; il oublie, mais à présent, fini, avec elle et pour elle, de la poésie; la prose reste seule.

De ces lettres d'Italie, dont le corps est tout de passion et le *post-scriptum* seul de raison et d'affaires, il n'y a plus dans les lettres de Marengo, que le *post-scriptum*. « Je suis à Genève, j'en partirai cette nuit. Je t'aime beaucoup; je désire que tu m'écrives souvent et que tu sois persuadée que ma Joséphine m'est bien chère... » — « Je suis depuis hier à Lausanne. Je pars demain. Ma santé est assez bonne. Le pays ici est très beau. » — « Je pars dans l'instant pour aller coucher à Saint-Maurice. Je n'ai pas reçu de lettre de toi; cela n'est pas bien; je t'ai écrit tous les courriers. » Et cela va ainsi. Il est apaisé, comme établi dans son bonheur de mari. N'écrit-il pas de Martigny : « Cette pauvre Mme Luçay est donc morte. Elle a bien souffert. Son mari doit être bien triste. Perdre sa femme, c'est perdre, sinon la gloire, au moins le bonheur. »

C'est un mari, l'on ne saurait dire très fidèle, mais encore suffisamment amoureux, très confiant et gai, faisant des petites plaisanteries et des critiques légères : « J'espère, dans dix jours, être dans les bras de ma Joséphine qui est toujours bien bonne quand elle ne pleure pas et ne fait pas la *civetta* (la chouette) »; ou bien : « Je suis ici depuis trois jours, au milieu du Valais et des Alpes dans un couvent de Bernardins. L'on n'y voit jamais le soleil : juge si l'on y est agréablement. J'aime bien te voir gronder, toi qui es à Paris, au milieu des plaisirs et de la bonne compagnie. »

D'ailleurs, pas plus de politique, ni de nouvelles. L'on peut dire : pas plus d'intimité. Une intimité, si l'on veut, réduite à l'épiderme, qui n'exige, d'un être à l'autre, aucune ouverture d'existence. C'est là ce qu'il peut lui donner, car, pour tout ce qui est projets, desseins, conduite, actes même, il n'en livre rien. Cela n'est point à sa femme, ne lui appartient pas, ne saurait lui appartenir. Il n'admet point que la femme ait le moindre accès à sa politique et, au besoin, il le fera rudement sentir. Elle doit exercer son action dans le ressort qu'il lui assigne : bienfaisance envers les pauvres, réconciliation de l'ancienne société avec la nouvelle, restauration de la politesse et de l'élégance, et — rôle nouveau pour Joséphine, mais qu'elle joue à merveille — épuration des mœurs extérieures par la rigoureuse observation des *convenances*. Car il est un censeur rigide auquel rien n'échappe, et, dès le premier jour du Consulat, c'est aux toilettes succinctes, c'est aux liaisons scandaleuses, c'est aux tripotages d'amour, comme aux tripotages d'argent et de fournitures, qu'il a déclaré une guerre, dont les conséquences seront infinies : quelque jour il l'éprouvera, mais rien ne l'arrêtera en sa marche. Il a résolu d'avoir un gouvernement honnête dans une société décente : il établira l'honnêteté dans l'administration et la décence dans les mœurs.

Pour cette œuvre-ci, il lui faut une alliée et ce sera Joséphine, et, à ce rôle, si nouveau pour elle, elle se trouve porter une aptitude singulière, car elle a de naissance la *vertu sociale* : et c'est pourquoi il partage avec elle son existence consulaire.

Comme il a fait à Mombello, où il fut ravi de la voir si aisée, si bien située dans un salon, il fait aux Tuileries. Et étant, lui, au premier rang, elle y monte et, à mesure que, pour lui, les honneurs s'accroissent, il les veut plus éclatants pour elle. N'étant que l'épouse du Premier consul et n'ayant reçu aucun rang dans l'État, elle a pourtant une maison : à la vérité, les dames qui sont attachées à sa personne sont officiellement chargées *de faire les honneurs des palais du Gouvernement,* mais elles ne marchent qu'avec elle et après elle. Et elle fait la reine, elle tient cercle, elle reçoit les ambassadeurs, il y a chez elle une étiquette comme jadis à la Cour. Et Bonaparte admire cet air qu'elle prend, cette adresse qu'elle déploie, cette amabilité, cette connaissance du monde, cette science des relations familiales, cet à-propos qui, en toute occasion, lui font trouver le mot juste, et dit avec tant de grâce. Un pas de plus, et la voici associée dans les voyages du Consul aux honneurs publics, haranguée et complimentée; la voici au premier rang dans la famille, imposée par Bonaparte aux colères orgueilleuses de sa mère, de ses sœurs et de ses frères ; la voici au premier rang dans l'État, sans contestation, sans rivalité possible — le deuxième consul célibataire, le troisième veuf — nulle autre femme qu'elle. Et elle est en possession, elle ne saurait être écartée à moins d'un scandale, répudiée à moins d'une nécessité politique commandant un mariage princier.

Et, l'ascension continuant, lorsque le premier consul Bonaparte se mue en empereur, n'est-elle point là, à Saint-Cloud? Peut-on l'omettre et la passer sous silence, celle qui fut jusqu'ici la compagne de toutes les gloires? Peut-on faire qu'elle ne soit pas, qu'elle n'ait point déjà sa maison comme une reine, qu'elle n'ait point tenu la cour et qu'elle ne se soit pas fait des amis en tel nombre qu'elle soit devenue presque une puissance. Pas une faute durant tout ce temps : une adaptation merveilleuse aux circonstances, une telle ductilité qu'elle est dans toute situation la femme qu'il faut, se coulant aux moules et en sortant comme une expression définitive de ce que les plus difficiles eussent rêvé. Non seulement elle n'a pas nui à l'ascension, ne l'a par rien entravée, mais elle y a aidé : elle a mis dans cette gloire de la grâce, dans cette grandeur du charme, dans cet héroïsme une douceur. Rien ne saurait désormais séparer son image de celle de Napoléon : elle le complète et l'achève.

Elle est donc impératrice. Et cela, à ce qu'il semble, ne change rien au ménage. Lorsque Napoléon s'en vient au camp de Boulogne et qu'elle va partir pour Aix-la-Chapelle, la correspondance qui s'engage est du même ton, et il est précieux de trouver d'alors quelques lettres inédites : celle-ci du 2 thermidor an XII : « Je suis, ma bonne petite Joséphine, arrivé bien portant à Boulogne, où je resterai une vingtaine de jours. J'ai ici de belles armées, de belles flottilles et tout ce qui peut me faire passer le temps agréablement. Il y manquerait ma bonne petite Joséphine, mais il ne faut pas lui dire cela. Pour être aimantes, il faut que les femmes doutent et craignent sur l'étendue et la durée de leur empire. Adieu, madame, mille choses aimables partout. »

Qu'on remarque le *madame*. Napoléon a des velléités de se conformer au protocole royal. Il le trouve noble et de grand air. On connaît cette lettre qu'il a écrite, deux jours plus tard, le 4 thermidor, et qui, tant le ton est haussé, tant il est devenu brusquement impérial, détonne dans la correspondance comme un morceau d'éloquence un peu maniérée : « Madame et chère femme, depuis quatre jours que je suis loin de vous, j'ai toujours été à cheval et en mouvement sans que cela prît nullement sur ma santé... Le vent ayant beaucoup fraîchi cette nuit, une de nos canonnières qui était en rade a chassé et s'est engagée sur des roches à une lieue de Boulogne ; j'ai tout cru perdu corps et biens, mais nous sommes parvenus à tout sauver. Le spectacle était grand : des coups de canon d'alarme, le rivage couvert de feu, la mer en fureur et mugissante, toute la nuit dans l'anxiété de sauver ou de voir périr ces malheureux. *L'âme était entre l'éternité, l'océan et la nuit.* A cinq heures du matin, tout s'est éclairci et je me suis couché avec la sensation d'un rêve romanesque et épique ; situation qui eût pu me faire penser que j'étais tout seul, si la fatigue et le corps trempé m'avaient laissé d'autre besoin que de dormir. »

L'on était tenté de penser — n'eût été la chute — que la noblesse et la gravité des sensations éprouvées l'avaient conduit à employer cette forme cérémonieuse et ce *vous* si détesté lors de l'Italie. On ne connaissait jusqu'ici que cette unique lettre en cette forme, et cela achevait d'induire à cette supposition, mais en voici de nouvelles.

Après être revenu, le 15, le 18, le 26 thermidor, au *mon amie* et au tutoiement, il se retrouve monarchique le 2 fructidor. Seulement, avec le *madame et chère femme* et avec le *vous*, comment accommoder cette phrase : « Ma santé est bonne. Il me tarde de vous dire tout ce que vous m'inspirez et de vous couvrir de baisers. C'est une vilaine vie que celle de garçon et rien ne vaut une femme bonne, belle et tendre », et, dans cette autre lettre du 7 fructidor où il annonce son arrivée à Aix-la-Chapelle pour le 13 ou le 14, cette phrase : « Comme il serait possible que j'arrivasse de nuit, gare aux amoureux. Je serai fâché si cela les dérange, mais l'on prend son bien partout où on le trouve. Ma santé est bonne. Je travaille assez, mais je suis trop sage. Cela me fait du mal ; il me tarde donc de vous voir et de vous dire mille choses aimables. »

A-t-il senti le comique naturel de ce contraste entre les formules protocolaires qui guindaient sa pensée et les paroles d'amour ou de désir, les libres plaisanteries d'un amant qui sait avoir été trompé — plaisanteries qui lui sont familières et qu'il ne savait point si près de la vérité quand il écrivait, de Vérone, le 3 frimaire an V : « Joséphine, prenez-y garde, une belle nuit, les portes enfoncées et me voilà ! » En tout cas, il renonce pour jamais au cérémonial, il retourne aux formes anciennes, plus simples, plus bourgeoises, qui conviennent à son origine, à son éducation, à sa façon de vivre. Mais il ne veut pas moins que Joséphine soit impératrice.

Ici, il faut l'avouer, on ne comprend plus.

Que, dans cette montée vers les sommets, il ait entraîné avec lui cette femme qu'il a tant aimée et qu'il aime encore, cela s'explique ; que, n'ayant pu se décider, après l'Égypte, à se séparer d'elle, il l'ait associée à ses honneurs, et, de marche en marche, qu'il l'ait conduite jusqu'au trône, cela est une conséquence forcée ; mais il s'est en même temps constamment refusé à demander à un prêtre la bénédiction nuptiale et, pour lui, l'auteur du Code, si le mariage civil compte seul devant la loi, le mariage religieux compte seul devant la conscience. A Mombello, général en chef des armées de la République, subordonné du Directoire, risquant par suite sa situation et son avenir, non seulement il a voulu qu'un prêtre bénît l'union de sa sœur Paulette avec le général Leclerc, mais il a exigé que ce même prêtre réhabilitât le mariage civil contracté, près de deux mois auparavant, par sa sœur Élisa avec Félix Baciocchi. A Paris, en l'an X, Premier consul de la République, mariant son frère Louis avec sa belle-fille Hortense, il a voulu pour eux la bénédiction nuptiale donnée par le cardinal-légat, et il a exigé que sa sœur Caroline, mariée civilement depuis deux ans à Joachim Murat, mère depuis un an d'un fils et grosse de six mois d'un deuxième enfant, participât à la cérémonie. A Mombello comme à Paris, Joséphine était à ses côtés. A Paris, c'était pour la fille même de Joséphine, qu'il requérait le sacrement, et, pas un instant, il n'a eu la pensée que, mariant ainsi les autres, du seul mariage qui comptât pour lui, il pût se marier lui-même. Donc, il refusait de s'engager ; il avait l'idée de derrière la tête que quelque jour, pour quelque cause, il aurait à rompre ces liens qu'il laissait flotter à dessein et qu'il ne se souciait point de rendre indissolubles.

Il ne veut pas épouser Joséphine, mais il entend qu'elle soit, comme lui, sacrée par le Pape ; après quoi, il la couronnera lui-même. En vérité, quel lien plus fort, du mariage ou du sacre ? Nul prétexte traditionnel à de tels honneurs. De la branche des Bourbons, une seule reine fut sacrée et couronnée, Marie de Médicis. Henri IV fut assassiné deux jours après, et la reine, a-t-on dit, si elle n'a point participé à l'assassinat, savait, au moins, qu'il se préparait. Il faut remonter au XIVe siècle pour trouver, en France, quelques exemples consécutifs de reines couronnées. Cela est un peu loin pour qu'on l'invoque. Nulle raison dynastique : Joséphine ne pouvait être mère; la régence était interdite aux femmes; la question, au cas d'adoption par l'Empereur d'un de ses neveux, ne se posait pas que l'Impératrice pût être régente, pût même recevoir la garde de l'empereur mineur. Nulle raison de convenance : dominée par la crainte de perdre, comme elle disait, sa position, Joséphine, depuis que Bonaparte a pardonné, a gardé les apparences et mené une vie dont le public n'a point eu à s'égayer; pourtant, après cinq ans, on n'a pas tout oublié de la chronique scandaleuse, et si l'on remonte à dix ans!... Dix années, c'est un siècle! Toutefois, on se rappelle de plus loin, et les revenants d'émigration ont, sur les cancans de Paris, la mémoire toute fraîche. Présenter la vicomtesse de Beauharnais à la consécration pontificale, tout autre que Napoléon y eût reculé, eût au moins trouvé que c'était passer la mesure : mais il se l'était mis en tête et le voulut à tout risque.

Le premier risque qu'il courut, ce fut le mariage, Joséphine ayant révélé au Pape qu'elle n'avait point été mariée; puis, ce furent, au moment du divorce, les obligations vis-à-vis de l'impératrice couronnée et les exigences de tous les genres qu'il fallut satisfaire, sans compter le reste, et les désagréments avec l'autre, la nouvelle, et ses jalousies et les griefs des Beauharnais, et, plus tard, les attitudes prises devant les Alliés vainqueurs par la duchesse de Navarre et la duchesse de Saint-

Lou. Tout cela parce qu'il l'avait aimée, qu'il l'aimait encore, qu'il se plaisait, pour jouir du *Sentiment*, à produire des situations qui fussent nouvelles et que nul être avant lui n'eût traversées.

Certes, c'est la preuve d'un grand amour, mais cet amour, Napoléon l'éprouve-t-il réellement pour celle qui paraît en être l'objet, ou recherche-t-il, grâce à elle, la satisfaction égoïste de sensations subjectives? Du jour où il sera certain d'avoir des enfants, son parti sera pris, Joséphine sera sacrifiée, parce que, avant l'amour qu'il ressent, avant l'habitude qu'il a prise, avant la tendresse qu'il éprouve, il y a sa personnalité continuée à travers les âges, l'avenir conquis par sa dynastie, sa survivance établie par ses fils, — Lui!

De là, une forme nouvelle du Sentiment qui s'accusera chez lui, dans la façon dont il comprendra la femme et dont il l'aimera. Mais faut-il croire qu'entre ces deux périodes, celle où s'arrête avec Joséphine la vie *sentimentale*, celle où recommence avec Marie-Louise, sous une forme bien plus naturelle et logique, une vie où l'amour paternel rejaillit en amour conjugal, il y ait eu pour Napoléon interruption dans les expériences sur le *Sentiment?* Ce serait mal le connaître. Dans sa vie de consul et d'empereur, il y eut certes beaucoup de passantes. Quand un homme, à trente ans, est en possession de la suprême autorité et qu'il dispose d'un tel empire, toutes les femmes — ou presque

— s'offrent et il n'en est guère qui se refusent. Mais la plupart, ils les a prises comme elles se donnaient. Il a échangé un caprice contre une faveur — argent, diamants, place ou mari. La plupart des visiteuses de l'appartement secret aux Tuileries, à Saint-Cloud ou à Fontainebleau, n'en sortaient point les mains vides et n'y revenaient point, ou si peu. Et c'était alors par corvée commandée. Pour lui, comme le *Sentiment* ne trouvait point à s'exercer, il était brutal et allait au fait. Tant pis pour les bégueules! Mais qu'il s'égarât parmi elles une femme que n'eussent point conduite la vénalité ou l'ambition, et qui eût obéi à d'autres mobiles; que Napoléon le reconnût et le constatât; aussitôt, la recherche du *Sentiment* devenait son but principal et l'on en trouve de bien étranges preuves dans les épisodes de sa liaison avec Mme Walewska — épisodes d'ailleurs identiques à ceux de sa liaison avec Mme Duchâtel. Il exige que, dans le monde, dans les dîners et les bals où elle le rencontre, elle corresponde avec lui dans un langage mystérieux par qui, à tout instant, il lui témoigne qu'elle est présente à sa pensée, même lorsqu'il parle guerre, finances, administration, et qu'il soutient les discussions en apparence les plus absorbantes. La brutalité dans le geste, forme d'une sorte de timidité qui s'exaspère, s'est accrue avec la puissance. Le raffinement dans la poursuite du Sentiment s'est accentué avec l'âge qui s'avance, mais n'est-ce pas toujours l'homme des lettres à Joséphine, l'homme du discours de Lyon, le fils de Rousseau.

Par contre, ce que devient Napoléon vis-à-vis de l'épouse, mère de son fils, rien ne l'a fait prévoir. C'est la race dont elle est qu'il a aimée d'abord en Marie-Louise. Il a possédé en elle l'Autriche, et les Habsbourg, et les Bourbons, et la longue lignée de rois et d'empereurs dont elle est sortie. Pour cela, il l'a aimée. Ensuite, il l'aime parce qu'elle lui a donné le fils sur qui reposent tous ses rêves, le second chaînon de cette dynastie qui doit régir les temps, pour qui l'Europe est déjà petite et le globe mesquin. Alors, il la pare de toutes les vertus, il la doue d'intelligence, de raison, de desseins et d'idées. Il réforme les Constitutions pour la faire régente ; il pense à se sacrifier pour qu'elle règne avec son fils. Le jour où il sait qu'elle l'a abandonné, il tend la main vers le poison libérateur.

C'est qu'il obéit ici à un autre courant traditionnel et personnel. La femme devient pour lui respectable et sacrée lorsqu'elle est mère. Par une conception qui tient vraisemblablement à son atavisme corse, à son éducation, à son amour filial, il dénie tous les droits à la femme, il les accorde tous à la mère. Ce qu'il a inscrit dans les lois civiles, il le pratique dans sa politique. Peu lui importe de se démentir : il croyait ne point connaître la femme, lorsqu'il dictait le Sénatus-consulte du 28 floréal ; il croit la connaître à présent, parce qu'une femme lui a donné son fils. Et, pour cela, il pardonnera tout à cette femme, l'abandon, la trahison, l'adultère. Il lui pardonnera de n'avoir aimé que sa fortune et de ne l'avoir jamais aimé lui-même.

Au surplus, qui l'a aimé? L'être d'exception qu'il fut, qui s'est aimé lui-même en la femme, qui s'est procuré par la femme toutes les variations sur le *Sentiment*, étant trop haut placé par l'intelligence et aussi trop *intérieur* pour provoquer, chez celles qui l'approchaient, les impressions de tendresse, de dévouement et de volupté; la femme aime à égalité ; elle aime surtout l'homme auquel elle se croit par quelque côté supérieure. Elle aspire à se venger de celui dont elle ne dominera jamais l'esprit ni la conduite. De son vivant, Napoléon ne pouvait point avoir d'amantes; aux jours de l'extrême malheur, il en eût pu rencontrer : certaines alors s'attendrissaient parce qu'il était tombé et qu'elles rêvaient de lui être consolatrices — Il les écarta d'un geste et passa. Il avait pris de la femme tout ce qu'elle peut donner ; il n'était pas de ceux qui se livrent à elle. On ne peut être consolé, qu'en s'abandonnant. Accepter d'être plaint, c'est s'inférioriser ; le provoquer, c'est déchoir.

Sauf à quelques femmes très rares, tournées vers l'héroïsme et éprises de la gloire nationale, sauf à des femmes du peuple, généreuses et vaillantes, en qui survivait ce quelque chose de romain qui vint de la Révolution et qui leur permettait de comprendre cette âme romaine, Napoléon, en son temps, fut odieux. Après un siècle, faut-il croire que la plupart des femmes aient modifié leurs impressions? Il n'en faudrait pas répondre : chez une âme comme celle-ci, en qui s'est développé si magnifiquement « le culte du moi », dont l'impassibilité ne s'émouvait pas davantage à broyer les cœurs qu'à Djaggernauth, en écrasant les fidèles de Vichnou, ne s'émeuvent les roues du char triomphal, les femmes admireront-elles l'énergie, la résistance, la subordination de tout l'être à la loi première du travail, ce caractère de grandeur qui découle naturellement des pensées, des paroles et des actes et les frappe d'une empreinte impérissable, l'audace de la conception, accompagnée, même dans le chimérique, par le calcul méticuleux des moyens d'exécution, la faculté de prendre partout la fortune à égalité, où qu'elle porte et si surprenante soit-elle; tout cela les émouvra-t-il? en subiront-elles la prestigieuse majesté, ou bien, sans voir que, par là, elles compromettraient l'économie de cette incomparable machine humaine, souhaiteraient-elles y trouver des formes plus amènes, un sens plus développé de l'altruisme, la recherche, par l'amour, d'une suggestion ou d'un partage de sentiments et d'idées au lieu d'un vulgaire échange de sensations ou de l'égoïste jouissance d'impressions variées et toujours objectives ? Mais alors il ne serait pas lui. Le moteur célerait un vice de construction qui le ferait exploser à un moment. Ce n'est point à la commune mesure des amants et des maris qu'il faut juger Napoléon. Il l'a dit lui-même : « Le cœur d'un homme d'État doit être dans sa tête. » C'est pourquoi, par règle de conduite, si ce n'eût été par tempérament et par atavisme, il ne se livrait point.

Qui sait si, en rendant son cœur ainsi distant des autres êtres, en tenant la femme à l'écart de sa vie souveraine, ce n'était point par crainte qu'elle y prît trop de place et qu'elle l'entraînât à des actes que son génie n'eût point imaginés, sa raison pesés, son jugement déterminés ? N'est-ce point là ce que fit Marie-Louise ? Les liens d'humanité entravent et alourdissent, dans son vol à travers les rêves qu'il réalise et les pensées dont il forge des institutions, l'être surprenant qui, jadis, par une prophétique prescience, a écrit : « L'homme de génie est un météore qui brûle pour éclairer son siècle » ; ils le tirent vers la terre, l'y ramènent et l'y brisent. On avait cru Apollon, et c'est Icare.

MALMAISON ET JOSÉPHINE[1]

C'est ici l'empire de Joséphine ; du moins un débris de son empire démembré ; débris infime, qui, si on l'envisage seul et tel qu'il est, sans se représenter de quoi il faisait partie, donnerait une idée singulièrement fausse de la femme, de la façon dont elle vécut, du luxe dont elle s'entoura, de la prodigalité qui fut l'essence même de sa nature ; — débris éloquent pourtant et nécessaire, car c'est ici la tête de cet immense domaine, c'est d'ici qu'elle partit pour en faire la conquête et, bien que la restauration de certaines pièces de cette demeure ait été hâtive et fâcheuse, ces murs sont imprégnés d'assez de passé, pour que, en ce cadre, même au plein jour, les fantômes évoqués apparaissent plus distincts ; dans les tombeaux tout proches, leur poussière tressaille et voici que, sortant de la légende, se dirige vers nous la théorie des êtres héroïques et charmants qui, il y a un siècle, ouvraient ces

[1] Conférence faite, à Malmaison, pour l'*Université des Annales*, le 24 mai 1909.

portes, traversaient ces allées, hantaient ces salons, habitaient ces chambres, jouaient aux barres sur ces pelouses, et d'une course envolée disparaissaient sous les grands marronniers. Et nous les verrons encore tels qu'il y a cent ans, peuple d'amour, peuple de gloire, peuple de séduction et de conquête, emplir ces salons et ces chambres et nous les saluerons avec une admiration complaisante, mais non pas aveugle, un peu comme les Grecs antiques saluaient leurs dieux dont ils savaient les faiblesses et dont ils se plaisaient à conter les aventures.

Malmaison, c'est bien plus et bien mieux qu'un château, une terre, un domaine, c'est un désir de femme poursuivi à travers vingt années et, à la fin, réalisé. Durant vingt ans, avec des yeux d'envie désespérée, Joséphine a regardé ce domaine, paradis où il lui semblait qu'elle ne dût jamais entrer; durant vingt ans, elle a regardé ces toits pointant au milieu des arbres, ces prairies et ces vignes qui escaladaient la côte et elle s'est dit : cela ne sera jamais à moi, et puis, un jour, sur un coup de fortune, comme on n'en a vu que dans les contes de fées, elle est entrée ici en maîtresse et s'y est installée. Et, j'en suis convaincu : de toutes les splendeurs de son destin, les degrés franchis à la suite de Bonaparte, l'empressement des étrangers, les flatteries et les abaissements de quiconque par la naissance ou la renommée était le plus haut en

France, un trône, la couronne impériale, tous les palais et toutes les gloires, rien n'a valu pour elle cette réalisation de son rêve, cette prise de possession d'un désir, non point vague et confus, mais tangible, précis et borné. Une particulière, telle qu'est Joséphine, ne saurait désirer d'être reine. Tout au plus, une Manon Phlippon avec sa nature de petite bourgeoise, souhaiterait-elle mal de mort à la Reine parce qu'elle est en haut et qu'il faut abattre tout ce qui dépasse le niveau des Manon Phlippon en femme et des Monsieur Rolland en homme ; mais elle ne va point jusqu'à se rêver la reine de France. Un être peut naître ambitieux, mais, pour que son ambition se développe, il y faut un objet ; après quoi, un autre, puis un autre ; à l'ambitieux qui a de la suite en ses idées, chaque degré sert à monter plus haut, mais combien dispersent leurs rêves et leurs efforts. Pour Joséphine, elle n'ambitionnait même pas, elle se contentait de désirer, mais combien !

Vous arrivez de Croissy : c'est là, dit-on, que, en 1778, elle vint dès son mariage avec le vicomte de Beauharnais regarder la lune qui aurait pu lui être de miel. Mais le fut-elle jamais ? Elle n'avait été épousée qu'à la suite de combinaisons familiales assez malpropres où une certaine tante, Mme Renaudin, jouait le rôle principal. Le vicomte de Beauharnais, mauvais sujet dès lors et triste sujet par la suite, n'avait aucun goût pour elle. Cela se comprend : les femmes qu'il eût aimées, à dix-huit

4.

ans qu'il avait, eussent été des dames un peu mûres, coquettes, avisées, parées, fardées, corsetées, tout en manières, façons et façades, les marraines Comtesses qu'adore Chérubin et voici qu'on avait amené pour lui de la Martinique une Yéyette épaisse, lourde, non dégrossie — un *tas*, diraient les bonnes gens, — à peine sortie, si même elle en est sortie, de l'âge ingrat. Il ne regarda point à ce qu'elle pourrait être, il lui demanda d'être à l'heure même ce qu'elle n'était point — ce que pourtant elle allait devenir si parfaitement. Il ne vit point ces yeux bruns, curieux et tendres, ce col vibrant et long, ces épaules tombées, ce corps qui s'allait fondre en une caresse de grâce, et qui, étendu paresseusement dans une lassitude apaisée, donnerait si juste et si complète impression de volupté. Il ne vit rien de cela : et simplement, s'étant émancipé par ce mariage et mis en possession de la fortune de sa mère, il se mit à vivre en garçon beau danseur, beau parleur et fort accueilli chez les La Rochefoucauld, auxquels il n'eut garde de mener sa femme. Elle dut vivre donc avec son beau-père le marquis de Beauharnais et sa tante Mme Renaudin qui faisaient ménage commun, d'abord dans un hôtel rue Thévenot en face la rue des Deux-Portes et à une campagne à Noisy qui était à la Renaudin ; puis dans un petit hôtel rue Saint-Charles — une rue qui prolongeait la rue de la Pépinière, de la rue de Courcelles au Faubourg-Saint-Honoré. Et, durant que le Vicomte promène ses sottises.

d'abord dans les garnisons du régiment de la Sarre, puis en Italie, puis enfin aux Iles, Joséphine mène entre son beau-père et sa tante une vie fort bourgeoise, très terne et que distraient peu la venue d'un fils Eugène-Rose et une nouvelle grossesse. Laissant là sa femme, le Vicomte, après avoir vainement aspiré à l'état-major du marquis de Bouillé qui part aux Antilles avec une figure de héros, déclare qu'il veut servir comme volontaire à la Martinique et il court à ses conquêtes. Elles n'ont rien de sanglant : l'une a des yeux admirables, une coquetterie endiablée, et le minimum de scrupules qu'ait une femme. Elle entend qu'Alexandre se sépare de sa Joséphine qui vient justement d'accoucher d'une fille Hortense-Eugénie et, pour y parvenir, point de calomnie qu'elle n'imagine. Sous le coup de dénonciations injurieuses, Joséphine porte plainte à son tour et, soutenue par tout ce qui est Beauharnais dans le procès en séparation qu'elle intente, elle se retire au couvent de Panthemont où elle reste près d'une grande année. Elle en sort avec les honneurs de la guerre, ayant reçu de son mari, avec ses excuses, la promesse d'une pension annuelle de 5.000 livres, la garde de sa fille Hortense et tous droits pour voir son fils Eugène.

Ainsi, mariée à la fin de 1778 (13 décembre), elle est définitivement séparée le 3 mars 1785 ; dans ces cinq ans, il faut placer les séjours de Beauharnais aux garnisons de Brest et de Verdun, le voyage en Italie, le voyage et le séjour à la Martinique et pour Joséphine sa claustration d'une année à Panthemont ; reste-t-il douze mois de vie commune ?

Ce fut en sortant de Panthemont que Joséphine revint, dit-on, à Croissy, chez une de ses connaissances du couvent. Mais ce ne fut qu'en passant. C'est de ce temps pourtant que date, semble-t-il, l'éveil de son désir, car, de Croissy, que voit-elle ? Par-dessus les hauts peupliers de l'île de la Loge, toute la vallée s'étend à ses pieds, et Malmaison en est le point central. De la Seine à la grand'-route, rien ne brise le regard ; nulle maison, pas même des remises à gibier comme plus loin vers Rueil ; la plaine nue, et le château seul au milieu des arbres : château, si l'on veut, nullement féodal malgré ses fossés ; point de donjon ni de tours, quelque chose de bourgeois, de reposé et de cossu ; de larges avenues, une vaste cour d'honneur, des prés où paissent des moutons que semble mener la houlette de Mme Deshoulières, des champs de blé juste assez pour qu'on puisse songer à une toilette de meunière, des vignes à mi-côte, quantité de vignes dont les pampres escaladent les côteaux, si bien qu'en bas du mont Valérien il y a la *Remise du Bon Raisin* ; au-dessus, une chevelure de bois, mais non point les bois sacrés des forêts celtiques où errent les esprits des ancêtres, des bois jolis, peignés, ratissés, qu'on s'étonne de ne point trouver fleuris et au milieu desquels s'ouvre un lac aux eaux bleues. A cinquante minutes de

Paris, c'est très loin, un pays presque perdu où il y a assez de sauvagerie pour donner du piquant aux robes à la paysanne, de même qu'à l'horizon quelques arcades de l'aqueduc de Marly éveillent chez les lettrés, avec le classique délire des citations, la réminiscence des campagnes romaines.

Et, comme s'il fallait qu'aux yeux de la Vicomtesse, ce Malmaison eût tous les prestiges, il n'était bruit entre Rueil, Bougival, Chatou et Nanterre, que de la belle société qu'y recevaient M. et Mme Le Couteulx du Moley, actuellement les propriétaires. Pas depuis très longtemps, à peine vingt ans. Ils y étaient entrés en 1771, ayant acheté de Mme Daguesseau, Mlle de Nollent, veuve du fils aîné du Chancelier, laquelle, en 1764, à la mort de son mari, avait acheté des Barentin qui, depuis le 21 septembre 1390, le possédaient par succession et mariage au travers des familles Goudet, Dubois, d'Auvergne et Perrot. Les Barentin en restaient seigneurs, mais n'habitaient point et livraient la maison à des locataires qu'on y vit défiler durant près de deux siècles. Locataire est impropre, c'est acheteurs à vie qu'il faut dire et ils dépensent plus que les propriétaires véritables. Ainsi Jossier de la Jonchère, trésorier de l'extraordinaire des Guerres, qui, suivant certains, avait épousé une fille naturelle du Grand Dauphin, jeta dans Malmaison deux cents à deux cent cinquante mille livres; après lui, un M. de Boulogne, receveur général qui n'était pas pour rien parent de l'intendant des Finances, une Mme Harenc aussi de la Ferme générale, et à présent c'étaient les Le Couteulx, Monsieur fermier général des eaux de Paris — eaux de Seine — s'entend et qu'il vendait d'autant plus cher.

Ainsi, comme d'ailleurs pour la plupart des maisons de plaisance qu'on nomme des châteaux et qui le sont plus ou moins, bâties aux approches de Paris depuis la fin du XVIIe siècle (faut-il dire la fin quand il y a Vaux ?), c'est ici œuvre des gens de finances. Les gens de robe sont au début ; modestement, sagement, ils achètent une terre qui donnera, en même temps que la rente du capital, une agréable habitation ; les financiers arrivent, dont c'est la raison d'être de pomper et d'épandre l'argent et qui ne valent que par là ; ils s'emploient à parer, à embellir, à acheter quelque chose qu'un autre n'ait point — même à le faire produire — et par là se rendent les indispensables coopérateurs des chefs-d'œuvre du bon ou du mauvais goût, mais de ce qui est tout de même chef-d'œuvre, étant le morceau le plus caractéristique de l'art d'une époque, en quelque voie qu'il s'exerce.

Mais M. Le Couteulx, — qu'on appelle du Moley pour le distinguer des Le Couteulx de La Noraye qui ont Louveciennes, des Le Couteulx de Canteleu, de Caumont, des Aubrays, de Vertron, de Verclives et de bien d'autres Le Couteulx, tous également sortis de Laurent Le Couteulx, originaire d'Yvetot, lequel vint au XVIe siècle s'établir marchand de soie à Rouen — M. Le Couteulx du Moley n'était point de ces financiers prodigues qui, comme certains d'alors, se plaisaient à entretenir des artistes, prenaient en leur compagnie le goût du beau et dépensaient leur fortune à le chercher ; il donnait dans la littérature, se procurait, en échange du vivre et du couvert, des beaux-esprits à demeure et, moyennant qu'il l'hébergeât, louait ainsi au mois la Renommée avec ses trompettes. Venait-on pour lui ou pour Mme du Moley, née Le Couteulx, qui, elle, avait infiniment d'esprit et de goût et l'a montré en quelques portraits délicieux, de ces portraits écrits, d'un genre fané, dont les couleurs passées semblent de quelque tapisserie trop montrée au soleil. Chez Mme du Moley — la comtesse du Moley, disait-on pour se faire bien voir, — on voyait l'abbé Delille et Bernardin de Saint-Pierre, Mme Vigée-Lebrun et l'abbé Siéyès ; Madame donnait aussi dans la noblesse et, entre le comte-duc d'Olivarès et le duc de Crillon se trouvait qualifiée pour parler des héros, baptiser les allées de son parc de noms espagnols, et prendre des airs de dame à tabouret. Monsieur, comme de juste, était pour la Révolution ; il aspirait, avec l'abbé Siéyès son commensal, à détruire les privilèges et à *toutifier* le Tiers état, dont par ailleurs il rêvait de n'être plus. Une petite-fille jouait sur les pelouses ; on la donnera à un Noailles et par elle la famille ducale refleurira : qui sait ? Cette aïeule ignorée a soufflé peut-être à l'une de ses petites brus les vers où elle chanta Malmaison.

On s'oublie à les regarder, ces Le Couteulx, et

les dames et les messieurs leurs hôtes qui, gravement, parcourent le parc, une branche verte en main ; cela signifie qu'ils méditent, qu'ils composent ou qu'ils rêvent, et ils passent les uns près des autres imperturbables et branche en main. Mauvais jeu pour Mme de Staël qui, dans ses doigts, tant qu'elle parlait, roulait une branchette ; elle en usait un fagot, mais n'était-ce pas encore une coquetterie ? Et on entre, l'on sort, l'on court sur Paris, l'on en revient, visites, toilettes, voitures, tout le luxe agréable d'une vie ample et bien établie, voilà de quoi emplit ses yeux la Yéyette abandonnée, avec la pauvre pension que son mari paye le moins qu'il peut ; et si elle n'envie point, comme elle désire !

Il faut qu'elle parte, la pauvre, car elle n'est là qu'en passante, invitée, il ne faut point dire recueillie. Mais l'attirance est telle qu'après six années, la voici de nouveau à Croissy, cette fois chez une créole de Sainte-Lucie, Mme Hosten, qui, à Paris, l'a attirée dans la maison qu'elle habite rue Saint-Dominique, n° 46, et qui, à Croissy, tenant en location la maison du sieur Bauldry, lui offre une gracieuse hospitalité.

Que d'événements entre ces deux séjours ! Ce fut le retour à Fontainebleau, où la tante Renaudin s'est transportée avec le marquis et où l'on vit chichement, mangeant à mesure le fonds avec le revenu ; Joséphine court la forêt à la suite des chasses, mais c'est aux *essais*, car elle n'est de rien. Le marquis n'a plus de pension, de rentes, ni de capital ; la tante est de mauvaise humeur ; le vicomte n'entend rien payer ni du mobilier qu'il a pourtant vendu, ni des bijoux qu'il a distribués à d'autres qu'à sa femme, ni de la pension qu'il a promise. A bout d'expédients et souhaitant trouver un peu de tranquillité, Joséphine s'en va à la Martinique ; si pressée est-elle de partir qu'elle vient au Havre attendre le premier bateau qui fera route, et, trois années plus tard, si pressée sera-t-elle de revenir qu'elle s'embarquera avec sa fille, emportant les hardes qu'elles ont sur le dos, sans même une paire de souliers de rechange pour l'enfant ; si pressée que, de Fort-Royal, où elle est, elle ne retournera pas même aux Trois-Islets, l'habitation de ses parents, pour leur dire adieu. Et c'est la grande mer qu'elle va mettre entre eux et elle, la mer pareille au Styx qu'on ne retraverse jamais.

Il lui faut Paris où elle arrive, s'installe rue Neuve-des-Mathurins. Que vient-elle y chercher ? — Son mari ? — Ah ! que non pas ! Elle a de bonnes raisons pour ne point désirer le rencontrer, et pourtant M. de Beauharnais, ci-devant vicomte, est devenu par la grâce de la Révolution une des puissances nouvelles. Quatre ans auparavant, par une requête motivée, appuyée de papiers sans nombre et soutenue par ses alliés, le vicomte a demandé les honneurs de la Cour : cela consiste, comme on sait, uniquement à monter dans les carrosses du Roi et à suivre Sa Majesté à la chasse. Mais cela est tout, cela ouvre l'accès à tout ce qui est grand. A-t-on les Honneurs, on peut espérer les sommets, sinon on reste au bas de l'échelle. Or, le généalogiste des Ordres a prouvé que ces Beauharnais étaient des bourgeois d'Orléans et qu'un siècle en avant, une des branches de la famille avait été condamnée pour usurpation de noblesse. Et comme là-dessus il n'y avait rien à répliquer, M. de Beauharnais s'efforça de renverser une telle royauté qui ne voulait point de lui dans ses carrosses. Malgré un avancement d'extrême faveur, de capitaine à major en second, il se fit, lors de la convocation des États généraux, élire avec le cahier le plus égalitaire, député de la noblesse du bailliage de Blois, grâce à l'influence de Lavoisier, fermier général, chimiste et révolutionnaire, car il n'avait pu se faire tenir pour noble.

Et, deux ans plus tard, le roi Louis XVI ayant tenté de s'évader, lui, Beauharnais, préside l'Assemblée nationale. Le Roi lui a refusé ses carrosses et il fait ramener le Roi sous bonne escorte dans le carrosse de M. de Fersen ; il est le maître du Roi, il le traite comme un régent de collège un écolier émancipé, il le semonce et le suspend. Et, à égalité, il traite encore la Reine et Madame Élisabeth ; il est, lui, président de l'Assemblée, le seul homme auquel la Nation obéisse ; il a seul le privilège de parler, d'entendre le retentissement de son verbe sur la France et par le monde.

De cela dont il s'est grisé, d'avoir été *plus que Roi*, d'avoir été *la Nation* et *la Loi*, ce Beauharnais demeure enivré, et il en mourra. Il est certaines liqueurs qu'on ne goûte pas impunément.

Ce n'est point pour rejoindre un tel Beauharnais que Joséphine s'est hâtée vers Paris ; la séparation est définitive ; si bien acquise, entre ces deux êtres qui n'ont jamais eu de goût l'un pour l'autre, qu'ils peuvent se parler, s'écrire, se rencontrer. Cela est dans les formes et se passe fort bien. Durant que Monsieur, lorsqu'il est à Paris, habite au petit hôtel La Rochefoucauld, rue des Petits-Augustins, Madame est venue loger rue des Mathurins, n° 11, dans une maison appartenant à sa belle-sœur Beauharnais. Sur une rupture, avec un amant qu'elle ramena des Iles, elle s'établit dans cette maison de la rue Saint-Dominique, où elle n'a qu'un pied-à-terre et sans doute en garni ; mais c'est là qu'elle retrouve cette créole de Sainte-Lucie, Mme Hosten.

Mme Hosten a une fille du même âge qu'Hortense et Joséphine, fort désargentée, a accepté avec empressement l'invitation qui lui a été faite de passer quelque temps à Croissy : sur sa vie, ce séjour fut décisif ; là, elle entre en relations avec Chanorier, l'ancien seigneur de Croissy, avec les Vergennes — des demoiselles Vergennes, une sera Mme de Rémusat, l'autre Mme de Nansouty, — avec l'abbé de Pancemont, et avec toute la société qui fréquente chez Chanorier — en même temps avec certains révolutionnaires, comme Réal, fils d'un garde-chasse de Chatou, celui qui tout à l'heure sera substitut du procureur de la Commune, avec Tallien, avec Barère ; on la trouve en liaison avec le ministre de la Guerre, Servan, auquel, du ton de la familiarité, elle recommande des officiers ; on la dit accointée de bien plus près au ministre de la Guerre Beurnonville. Elle mêle tout et elle a des heures pour tout, pour les Jacobins, comme Réal ; pour les Girondins, tel Lanjuinais ; pour les Montagnards, ainsi Robespierre — car, avec Charlotte Robespierre, elle est au tendre — ; pour des Royalistes, pareils à l'abbesse de Panthemont, Mme de Bethisy ; pour la société de Mme Hosten, et cela va à l'infini : mais en choisissant son temps, on y arrive !

Pourtant, au Dix août 92, où elle se trouve avoir chez elle Eugène pour les vacances, elle s'inquiète ; non pour elle mais pour ses enfants ; si elle n'entend point émigrer, ne peut-elle faire faire à Hortense et à Eugène un voyage en bonne compagnie, avec la princesse de Hohenzollern, qui va en Artois, dans une terre de son frère le prince de Salm, à proximité de la mer, des bateaux et de l'Angleterre ? A peine le ci-devant vicomte aux carrosses, dont le républicanisme ne veut point être soupçonné, a-t-il appris ce voyage qu'il expédie un courrier, rattrape Eugène, se le fait ramener à Strasbourg où, à présent, l'ancien capitaine de la

Sarre est général en chef de l'Armée du Rhin, et il l'établit au Collège national.

Mal que bien, l'année 92 a passé, et l'hiver même fut presque gai ; pour ceux qui n'étaient point directement touchés, pour ceux qui, comme Beauharnais, en tiraient des grades, des honneurs et des profits, pour ceux qui, comme Joséphine, escomptaient le crédit que leur valaient leurs alliances et leurs relations, il y avait fort bien moyen de se consoler... des malheurs d'autrui. Sans même être méchant de nature, ni particulièrement envieux, — et tel n'était point le cas de Mme de Beauharnais, — on cède facilement à la joie de monter les degrés, même quand on prend en pitié ceux qui en sont précipités. Joséphine, pour la première fois, se faisait l'effet d'être une dame, et, tout en se parant du titre de citoyenne, laissait passer sous le bonnet rouge les quatre grosses perles — d'ailleurs fausses — de sa couronne vicomtale. Seulement, à la fin, les ci-devant nobles eurent beau affirmer qu'ils étaient ralliés à la République, ils n'en furent pas moins les *suspects* et, au milieu de septembre 1793, ils durent s'éloigner de Paris. Pendant que sa belle-sœur Beauharnais se réfugiait à Champigny, chez Mme de Sarobert, où elle ne tarda pas à être arrêtée, Joséphine se rendit à Croissy et, de Mme Hosten, installée tout à côté dans une propriété plus belle, elle reçut la suite de son bail de 1.200 livres dans la maison

Bauldry. Le 26 septembre, elle fit sa déclaration à la municipalité et deux jours plus tard elle fut rejointe par son fils Eugène, abandonné par son père à Strasbourg et mis hors du Collège.

On a dit qu'alors telle était sa misère qu'elle avait mis ses enfants apprentis l'un chez un menuisier, l'autre chez une couturière. Bien plutôt que la misère, — car avec maison de campagne de 2.200 livres et appartement à Paris, ce n'est point la misère, — très vraisemblablement volonté d'affirmer son civisme et son admiration pour Jean-Jacques, instituteur d'Emile. La maîtresse d'apprentissage d'Hortense était sa gouvernante, la citoyenne Launoy, et le patron d'Eugène était, en même temps que menuisier, agent national de la commune de Croissy. Il fait bon d'établir des relations avec les puissances, et plus elles sont bas placées, plus elles sont jalouses.

Joséphine se tint si fort assurée de son civisme et si garantie contre tous les risques qu'elle rentra à Paris en janvier 94 et que, de là, elle s'enhardit à écrire à Vadier, président du Comité de Sûreté générale, pour réclamer sa belle-sœur Beauharnais. Elle le fit avec franchise « en sans-culotte montagnarde », comme elle dit : rien ne manquait à son épître, ni les épigraphes républicaines, ni le tutoiement, ni les déclarations à la Brutus, ni le plaidoyer où, semble-t-il, elle prenait prétexte de sa belle-sœur pour tenter une apologie d'Alexandre ! Cela n'est-il pas joli, cette revanche de l'abandonnée, et n'est-il point de leçon à en tirer sur la facile et bonne nature de Joséphine, — à moins, mais cela n'est qu'une supposition gratuite, — que cette déclamation ne lui ait été suggérée par le principal intéressé? Ces choses arrivent.

Ce ne fut point cette démarche, pourtant intempestive, qui détermina l'arrestation de Beauharnais. Le 2 mars, le Comité de Sûreté générale expédia tout exprès un de ses commissaires, le citoyen Sirejean, pour arrêter à Blois, où il s'était retiré après une piteuse campagne, le ci-devant général en chef de l'Armée du Rhin et le ramener à Paris. Le 14 mars, Alexandre fut écroué aux Carmes, où Joséphine vint le rejoindre le 19 avril; mais, à elle, on n'a point fait grief du commandement de l'Armée du Rhin, ni de la mairie de Romorantin, qu'Alexandre n'exerça jamais; elle conspire, elle conspire avec Mme Hosten et Croiseul, futur gendre de celle-ci, et c'est de Croissy qu'est partie la dénonciation.

Alors, l'agonie. Mais cette prison des Carmes, aux murs de laquelle se voient, encore fraîches, les sanglantes empreintes des mains désespérées qui, lors des Massacres, s'y cramponnaient; cette prison où, sur Beauharnais régicide, au moins d'intention, sur Beauharnais qui rêvait tantôt une cérémonie expiatoire et, devant le peuple assemblé, la Sainte Ampoule, coupable d'avoir fait des Rois, brisée, broyée, brûlée pour la gloire de la République ; cette prison où, sur Beauharnais traître à son Roi et à son Dieu, se lèvent les spectres inapaisés des La Rochefoucauld assassinés là même, celui qui fut évêque de Beauvais et celui qui fut évêque de Saintes, et celui-là son protecteur et son parrain, le duc de La Rochefoucauld, échappé aux tueries de Paris pour faire une proie aux tueurs envoyés exprès à Gisors; cette prison, l'antichambre de l'échafaud, où, dans la quotidienne attente de la mort, les êtres, compagnons prochains des mêmes fosses banales, devraient s'entre-regarder avec horreur, cette prison s'égaie de rires clairs, de mots joyeux et de paroles d'amour. On flirte sous la guillotine, et, dans une admirable et dramatique inconscience, des serments s'échangent où l'on se promet l'éternité et qu'interrompt l'appel du pourvoyeur des « juges-tigres ». Ce que André Chénier vit à Saint-Lazare, on le voit aux Carmes; Beauharnais s'est épris de Delphine de Custine, et Joséphine s'est établie en coquetterie réglée avec le général Hoche. Mais entre cinquante-quatre individus accusés de conspirer dans les prisons, on appelle au Tribunal « Beauharnais (Alexandre), ci-devant vicomte et ci-devant général en chef » : et de la même fournée que des princes, comme Salm et Rohan, des gens d'esprit comme Champcenetz, des bijoutiers, des matelots, des magistrats et des brocanteurs, Alexandre monte dans les carrosses du peuple souverain qui le conduisent, pour y mourir, à la Barrière du Trône-renversé !

C'est le 5 thermidor : encore quatre jours! Joséphine les gagne, ces quatre jours qui valent la vie. Une décade plus tard, elle est libre. Vient-elle alors à Croissy? On peut le croire. Y vient-elle avec le général Hoche durant le mois qu'il passe à Paris avant d'aller à Vire prendre le commandement de son armée — emmenant avec lui Eugène qu'il s'est habitué à considérer comme son fils. C'est probable. Et voilà un point d'interrogation posé au savant historiographe de Croissy, M. Bonnet.

A la fin de l'an II (septembre 1794), le 2e sans-culottide, Joséphine quitte la rue Saint-Dominique et s'installe rue de l'Université, n° 371, soit qu'elle ait repris la suite du bail de son amie Mme de Krény, soit qu'elle fasse ménage avec elle. A ce moment, elle entre en grande liaison avec Barras, devenu, depuis thermidor, le dictateur militaire, le seul homme par qui subsiste le régime ; l'homme qui, sans aucune délégation qu'il ait reçue de la Nation, absorbe tous les pouvoirs et représente toute l'autorité; l'homme qui, durant six années, le plus long espace qu'on ait vu depuis la Révolution, régnera et gouvernera sous des titres divers, uniquement parce que ce pilier de tripots, cet ancien associé de la comtesse de La Motte-Valois, ce gentilhomme déshonoré, servit quelque temps au régiment de Pondichéry et que physiquement il est brave. Comme il n'a point peur, ni devant un combat réglé, ni devant une émeute, ni dans une assemblée, il est l'homme qu'il faut : le sauveur et le dieu. D'ailleurs, dans la pourriture vicieuse remontée à la surface du marais après la disparition de l'Incorruptible, l'homme le plus vénal, le plus vicieux, le plus vil, car Talleyrand n'est pas encore rentré en scène. Ce Barras, c'est Talleyrand avec du courage en plus, de la ruse en moins et de l'usure. Mais Barras et Talleyrand s'équivalent et l'un fait comprendre l'autre.

Aussitôt après Thermidor, le général Barras est dictateur, il le reste avec des hauts et des bas jusqu'en brumaire an VIII.

Entre Joséphine et Barras, une liaison s'établit dès les premiers jours de l'an III, lorsque la vicomtesse déménageant s'est à peine installée rue de l'Université; pour la maison de Croissy, Barras en paie l'arriéré et en reprend le bail courant. C'est pourtant Joséphine qui le reçoit une fois par décade avec la nombreuse société qu'il traîne à sa suite. Elle ne paraît plus guère à Croissy que ces jours-là, car son ancienne société s'est écartée d'elle; mais elle s'en est fait un nouvelle avec Mme Tallien, Mme de Cambis, Mme de Château-Renaud, Mme de Krény, Mme de Navailles, Mme Hamelin, des femmes bien élevées, belles ou jolies ou charmantes, mais la plupart, sinon toutes, galantes, besoigneuses et déclassées. Point de débauche, mais peu de préjugés, si peu que pas. Le ton et les manières sont parfaits et tout à fait du monde. Des hommes, ceux de l'entourage immédiat de Barras, qui font sa société intime, sont aussi, la plupart, des fils de famille qui ont eu des malheurs, et qui sont passés à l'ennemi, pourvu que l'ennemi ait régalé. Mais tout ce monde, dont l'âme est abjecte, a des formes excellentes et même exquises.

C'est dans cette société, bien plus retenue qu'on ne le croit en ses propos et en ses manières, que s'écoule, pour Joséphine, l'an III de la République française, Une et Indivisible. Décors : Croissy, Chaillot, la rue de l'Université et parfois Fontainebleau où le marquis de Beauharnais a, à la fin, couronné par un hymen républicain sa longue liaison avec Mme Renaudin. Eugène, réclamé au général Hoche, a été placé dans une pension à Chaillot chez le citoyen Tallin; Hortense entre dans l'Institut créé à Saint-Germain par Mme Campan. Ces grands enfants ne serviraient qu'à accuser trop l'âge d'une mère qui ne manque point une de ces fêtes par souscription où le beau monde d'alors se donne, à menus frais, l'illusion qu'il y a encore des salons. Joséphine est des heureuses; elle fait des affaires; le gouvernement républicain lui a échangé, contre deux chevaux de voiture et une vache, les chevaux de guerre que le général Beauharnais avait laissés à l'Armée du Rhin. Il lui arrive des Iles, ou d'ailleurs, des remises en numéraire; bref, elle se croit devenir riche, et l'appartement de la rue de l'Université lui paraît si peu digne d'elle qu'il lui faut un hôtel, et dans les quartiers neufs; à la vérité, les quartiers neufs sont des quartiers à *folies* : entre le Boulevard et la rue Saint-Lazare, au milieu des jardins, demeures de financiers ou, petits hôtels d'actrices. Dans la rue Chantereine, la demoiselle Julie qui est devenue l'épouse du citoyen Talma, ci-devant comédien ordinaire du ci-devant Roi, possède depuis 1780 un hôtel avec jardin qui fut payé 50.000 livres. Vu ses malheurs conjugaux, elle aspire à le louer et, la citoyenne Beauharnais se présentant, on tombe d'accord, le 30 thermidor (17 août) qu'elle prendra la maison à loyer de 4.000 francs par an avec entrée en jouissance au 10 vendémiaire an IV (2 octobre).

L'y voici donc. Et à temps ! Quelques jours plus tard, sonne à la porte de cet hôtel, dont le faux luxe l'éblouit, un petit gentilhomme corse passé en quatre ans de lieutenant d'artillerie, général en chef de l'Armée de l'Intérieur. Ce qu'il est. Le 13 vendémiaire, officier sans emploi, demandant à servir en Turquie ; le 15, maître de Paris — pour le compte de Barras. Mais cela n'en fait ni un Parisien, ni un homme expert aux femmes. Introduit en ce petit hôtel, où cent détails, à tout autre, eussent révélé la misère d'un luxe si médiocre et si pauvre, il prend le doublé pour argent, le bois peint pour acajou, Joséphine pour une grande dame et sa société pour l'ancienne Cour. Il y croit de toute son ignorance, de toute son ambition, de tous ses désirs. Il voit le ciel ouvert; il ne s'informe pas, tant il a peur qu'une telle proie lui échappe, et, cinq mois plus tard, il est marié. Durant ces cinq mois, bien que ce fût une préliminaire lune de miel, point de Croissy, au moins qu'on sache. Aussi bien, Barras a repris le bail de la maison Bauldry et on serait indiscret à s'y habituer. Qu'on voie par là comme il est probable que Joséphine soit venue avec le général en chef de l'Armée de l'Intérieur demander à Croissy, d'un prêtre insermenté, une bénédiction nuptiale qui, en vérité, était surérogatoire.

Non, ce ne fut point alors qu'elle revint à Croissy; encore y revint-elle? A son retour de l'Italie conquise, le général Bonaparte cherchait une campagne qui fût une terre patrimoniale et n'eût été confisquée sur personne. Il alla pour cela visiter les châteaux qu'on pensait à vendre aux environs de Paris; Joséphine n'eut garde de ne point le conduire à Malmaison. Si son rêve allait se réaliser! si elle allait entrer en maîtresse dans cette demeure tant convoitée et que, par-dessus les murs, elle regardait avec des yeux d'envie! Mais elle avait été sotte, s'était laissée entraîner, était revenue tardivement d'Italie, n'avait plus sans doute le pouvoir des premiers jours — et puis, entre elle et lui, séparation complète d'intérêts jusque-là. Or, lui voulait de l'utile. Longuement, il examina les ressources que présentait la propriété, s'enquit des revenus, examina les locaux, et débattit même un prix avec M. du Moley. Mais il ne voulut jamais aller au-dessus de 250.000 francs pour le château, les 75 hectares de parc, les 312 hectares de terres, cultivées en froment, vignes, bois et prairies — vignes surtout, car on faisait, année moyenne, 120 pièces de vin qui se vendaient 50 francs la pièce — et, sans rien acheter, on nourrissait les 25 personnes de la maison, les gens de la ferme, 7 chevaux, 12 vaches, 150 moutons.

M. Le Couteulx s'obstinant à 300.000, plus le mobilier, les récoltes et le reste, Bonaparte rompit les pourparlers et, malgré ce que put faire Joséphine, il s'arrêta à la terre de Ris qui était aux Anisson-Duperron et qui lui plaisait davantage. Ris — entre Corbeil et Juvisy — eût été pour l'agrément, et, pour le revenu, il y eût eu une terre à la Roche-en-Breuil, en Bourgogne, que Joseph avait indiquée et que le général vit en passant, lors du départ pour l'Égypte. Il eût mis à cette terre trois à quatre cent mille francs, plus deux cents au moins à Ris. Joseph, qui avait en mains l'argent de son frère, reçut, à diverses fois, commission pour acheter, mais n'en fit rien ; il avait eu assez d'acheter pour son compte et d'embellir Mortefontaine.

Joséphine, son mari parti, n'avait point perdu de vue ce constant objet de ses ambitions : après son voyage de Plombières où elle manqua mourir, et d'où elle ne revint à Paris que tout à fait à la fin de l'an VI, elle reprit pour son compte la négociation avec les Le Couteulx et s'adressa comme de juste à Chanorier qui alla voir Mme du Moley. On était en mars 1799 (ventôse, an VII), et l'on n'avait guère de nouvelles d'Égypte. Joséphine n'avait pas un sol à sa disposition, car le général avait remis tous ses capitaux aux mains de son frère et, par contrat de mariage, elle était séparée de biens; l'hôtel même de la rue Chantereine — à présent rue de la Victoire — avait été acheté par le général à son propre nom : elle n'avait donc rien qui lui appartînt, hormis ses terres de la Martinique où son père venait de mourir en pleine déconfiture, et les bijoux qu'elle avait rapportés d'Italie. C'était, pour acheter une terre, une assez médiocre posture.

Chanorier représentait que la contribution foncière s'élevait, en l'an IV, à 6.931 francs; que, au principal d'achat, il fallait ajouter outre les droits d'enregistrement et de timbre, au moins 25.000 francs pour les meubles, 15.000 pour le mobilier rural, plus des sommes pour les denrées engrangées, les frais de labour et le reste. — Bref, on arriverait à 360.000 livres, et on ne pourrait vivre commodément à moins qu'au revenu de la terre, on ne joignît 20 à 25.000 livres de rente; mais Joséphine voulait Malmaison et que répondre à cela.

Désir de femme est un feu qui dévore.

Chanorier pourtant s'ingénia; il s'accommoda avec M. du Moley qui venait de marier sa fille à M. de Noailles et qui sans doute avait besoin d'argent. Bref, il obtint, comme dernier prix, 290.000 francs pour le château, les glaces, le mobilier rural et tout le reste sauf le mobilier. Seulement M. du Moley exigeait 150.000 francs comptant, 50.000 un mois plus tard et le surplus un an après. On passa contrat à 225.000 parce qu'on sépara les accessoires; mais 225, ou 290, ou 500, ç'eût été tout un pour Joséphine : quand elle eut payé 37.516 francs pour le mobilier, 9.111 fr. 68 pour droits de mutation, elle se trouva au bout des rouleaux qu'elle disait avoir faits par la vente de ses diamants et, pour donner un à-compte au citoyen Le Couteulx, elle dut emprunter 15.000 francs au citoyen Lhuillier, régisseur de la propriété, qui, de la sorte, s'assurait sa place dans la maison. Trois mois plus tard, Joseph consentit à grand' peine à rembourser les 15.000 francs au nom de son frère, en tirant quittance et en prenant privilège : quant aux 210.000 francs restant, Joséphine ne s'en inquiéta pas plus que des deux millions trois cent quatre-vint-quinze mille francs (2.395.000) qu'elle devait par ailleurs.

On signe le 2 floréal (21 avril 1799); tout de suite Joséphine est installée, car le mobilier de Mme Le Couteulx lui suffit pour l'instant: dans le boudoir ovale, de la mousseline; dans la chambre à coucher, de la toile de Jouy, rose sur blanc ; du quinze-seize vert dans le grand salon et, dans le salon turc, du nankin avec les rideaux de gaze brochée, des panneaux de glace au-dessus des portes et, pour tenir lieu de tableaux, huit panneaux de papier arabesque. Cela est le luxe d'avant 1789, c'est ce luxe qu'enviaient les yeux flambants de Joséphine : elle l'a maintenant et le possède. Dès les premiers jours de prairial elle est installée avec son amie Mme de Krény et un ami — hélas ! — M. Hippolyte Charles dont elle apprécie infiniment la compagnie. Elle fait des invitations. Et à qui ? à des membres du Directoire comme Rewbell ! Mais de quoi vit-elle ? Elle a une pension que doit lui faire Joseph pour le compte de son frère, mais cette pension est loin de suffire : alors, elle a des participations, soigneusement cachées à Bonaparte, dans les compagnies de subsistances et d'habillement de l'armée et de la marine ; de plus, dit-on, quelque argent lui vient de Saint-Domingue où Toussaint Louverture ferait valoir aux frais du Trésor colonial l'habitation Beauharnais : n'empêche qu'elle est singulièrement embarrassée pour payer ses contributions et qu'elle s'adresse pour cela à l'ami Réal. Quant au citoyen Le Couteulx, il attend avec une juste impatience les intérêts de ses 210.000 francs.

Or, voici que, de Fréjus, Eugène annonce à sa mère, que le général a débarqué et qu'il arrive ; elle a tout à craindre et d'une heure à l'autre, son édifice de fortune peut s'écrouler. Ces deux années que Bonaparte fut absent n'ont point pour elle été sans histoires, bien qu'elles aient pu passer pour heureuses. Et le général sait tout. Mais il est faible et bon, et l'ancien amour brûle sous la cendre. Des pleurs, des supplications, les deux enfants à genoux, il pardonne et, le lendemain, il vient voir Malmaison, s'y plaît, s'y installe et lorsque, après le 18 brumaire, il est devenu l'un des Consuls, puis le Consul, puis le Premier Consul, c'est là, jusqu'au moment où le Corps Législatif lui offrira Saint-Cloud, son habitation de prédilection. Il y arrive le décadi, parfois le quintidi avec son monde, sa femme, sa belle-fille, ses aides de camp, peu à peu les très jeunes compagnes de ceux-ci : une société se forme, mais, de celle-là, sont exclues les femmes qui sous le Directoire ont formé l'habituelle compagnie de Joséphine; de même, a-t-elle rompu avec les fournisseurs, liquidé, dès frimaire an VIII, tous les intérêts qu'elle avait dans leurs affaires. Sous l'œil de Bonaparte, il faut marcher droit, se vêtir au lieu de s'exercer à se dénuder, et, en tout, partout, garder une attitude correcte qui ne prête point aux médisances. Moyennant quoi, tout ce qu'elle veut... car elle a des qualités, une par-dessus toutes, le tact; elle s'assimile et s'éduque et, comme elle est avant tout aimable, elle se fait pardonner, au moins par la plupart des femmes, de monter au premier rang. Elle y est bien et à l'aise.

Et à proportion que grandit sa fortune, Malmaison s'accroît. En même temps que, à grand renfort d'ouvriers préparant les décorations à Paris et venant d'un quintidi à l'autre les poser, les architectes Fontaine et Percier disposent, au goût du Consul, tels qu'ils sont encore aujourd'hui, et tels qu'ils ont été fidèlement restaurés, les intérieurs de Malmaison — exception faite pour le salon et la chambre à coucher de Joséphine qui furent par elle entièrement transformés peu avant le divorce et qui ne conservent rien de la décoration consulaire ; — en même temps, le parc s'étend à l'infini.

D'abord il s'y joint 163 hectares de bois, puis le pavillon de La Jonchère, où habitera Eugène, le pavillon du Butard avec 64 hectares, le Clos Toutain avec 11 et des bâtiments où logeront les officiers et les hommes de la Vénerie consulaire. Et la conquête, une conquête, ininterrompue et pacifique, où chaque étape se chiffre par quelques centaines de mille francs, la conquête se poursuit vers Saint-Cloud qui est presque rejoint et Versailles qu'on dépasse par les fermes du Trou d'Enfer et de la Garenne. Château après château, tous sont peu à peu annexés : Buzenval pour 556.000 francs, Boispréau pour 300.000, La Chaussée pour 500.000. On ne peut savoir ni ce qui fut dépensé, ni même à quoi pouvait être destinée cette terre indéfiniment étendue, sans règle, sans plan, où la manie d'annexer se doublait de la manie de remuer la terre et de créer des fabriques pittoresques.

Et puis les plus beaux tableaux, les plus admirables fleurs, des serres qu'on venait visiter de partout et qu'enrichissaient les conquêtes de la Grande Armée, des animaux rares sur les pelouses, des bêtes de la Nouvelle-Hollande ou de la Nouvelle-Guinée, des chalets avec vaches, vachers, vachères, costumes, ustensiles et lait suisses, des kiosques, des blancheurs de marbre dans l'épaisseur des bois, des eaux qui voudraient être courantes ; là, à l'entrée, au milieu des fleurs étagées et montant en gradins, des perroquets et des aras, fleurs vivantes, sur des bâtons d'acajou aux mangeoires de vermeil.

Et des femmes passent, silhouettes minces et claires, vêtues d'étoffes blanches sous des polonaises fourrées de soie ou de velours aux couleurs tranchées ; des officiers aux costumes écarlate, bleu clair ou violet brodé d'argent, des valets de pied en livrée vert et or, des maîtres d'hôtel et des valets de chambre en habit habillé de soie claire avec le gilet d'argent ou d'or. On vient, on s'agite, voitures, chevaux, escortes, le piquet qui fait sa ronde, la garde qui sort, les mamelucks et les nègres qui tiennent cette porte ; dans cette cage qui sert d'antichambre, — car la maison taillée pour des bourgeois ne peut suffire à cette cour qui, de mois en mois, grossit d'aides de camp, d'officiers civils, de gens de service, puis de gens de livrée, — un débordement de vie, l'activité d'une ruche en travail et, chez tout ce monde, la jeunesse, la divine jeunesse qui rend les visages joyeux, les cœurs tendres et les âmes sereines, qui pare les êtres d'un prestige incomparable et s'accommode à toutes les joliesses, les beautés, les étrangetés d'un costume par qui la beauté guerrière se rend héroïque.

Et Le voyez-vous, aux heures montantes de Sa fortune, Le voyez-vous arrivant par ce pont, traversant cette salle, entrant là, Lui, l'Homme. Le voyez-vous au lendemain de Brumaire, quand devant Ses pas la carrière s'est ouverte et que, de Ses mains si petites, et si fortes, Il a pris la France et la pétrit; Le voyez-vous promenant pensif jusqu'à ce petit pavillon Sa déambulation inspiratrice; et puis, la méditation achevée, voici la dictée qui jaillit, les mots qui se pressent et, en deux années, cette France par qui et pour quoi nous vivons, ressuscitée des tombeaux, pâle encore comme Juliette et, comme elle, traînant son blanc suaire, mais toute offerte et donnée à l'amant qui l'a sauvée.

Et ensuite, quand les Royaux ont résolu la mort de Celui en qui la France a mis sa confiance et son orgueil, Le voyez-vous arrivant de Paris; pour tenir tête à ceux qui, sur la route, aux carrières, ont comploté de L'attaquer et de Le tuer, Il est escorté d'un piquet de ses guides, mousqueton chargé et sabre au poing; Sa voiture, au grand trot des chevaux, entre par la grille sur la route nationale;

elle tourne dans cette cour et Le voici, Lui : Sa botte éperonnée sonne sur ces dalles de marbre ; les assassins sont partout, aux Tuileries, dans les rues de Paris, sur les chemins de Malmaison; « Gardez-moi, dit-Il à la police, c'est votre affaire », et, d'un petit enfant qu'une nourrice a mené vers Lui, Il s'empare, et là tout à l'heure, dans la salle à manger, ce petit enfant, le premier-né d'Hortense et de Louis, Il l'étendra sur la table et Il trouvera son plaisir à le voir renverser les bouteilles et les plats... Et ce sera ce soir-là que, à Vincennes, pour l'exemple, on fusillera le ci-devant duc d'Enghien...

Et puis des temps passent et voici que, à la raison d'État, Il a dû sacrifier la femme qu'Il a le mieux et le plus aimée, cette Joséphine qui est venue abriter ici sa déchéance. Qu'Il arrive, par ces jours d'hiver, de Trianon ou de Paris, Il entre à peine dans la maison ; Il ne veut point de portes closes, ni de tête-à-tête — Se craint-Il ou la craint-Il ? L'ancien amour Lui paraît-il si redoutable et les jours passés sont-ils si regrettés ? Qui sait ? — C'est l'ambition chez Lui qui est satisfaite à présent, mais où est cette active et subite allégresse, cette promptitude aux décisions, ce saut en selle, et ces départs et ces galops, et l'Europe franchie, et les capitales emportées, et ce tourbillon de pensées, de résolutions, de batailles, de décrets, tout ensemble, et la débauche effrénée de Son génie, endigué par la raison et se mouvant dans le cercle étroit qu'a tracé l'intérêt de la Nation...

Et puis... et puis.., Le voici dans la maison vide de l'hôtesse désirée, Le voici promenant seul par les allées de ce parc Sa déchéance et Son désastre. Il a succombé à la fin avec la France sous les trahisons des Royaux, complices et alliés de l'étranger.

On entend, ici le roulement des canons prussiens qui approchent du Pecq ; là l'aigre son des cornemuses écossaises qui approchent de Saint-Denis. A ceux qui se proposent de Le vendre et de Le livrer, Son patriotisme désarmé réclame en vain une épée. Une épée ! Et Il vengera encore la Patrie ! Il écrasera Blücher d'abord, Wellington après, et, pour le moins, ces faces d'étrangers hasardées en France pour l'insulter, notre terre retombant sur elles les souffletera. Et ce sera la revanche suprême des patriotes, peut-être une paix glorieuse, en tout cas l'honneur sauf. Mais, cette épée, on la Lui arrache des mains ; la voiture est là à la petite grille du parc ; on L'y pousse ; au besoin Fouché, Davout et les autres L'y feraient monter de force et ce sont les étapes Rochefort, Torbay, Sainte-Hélène : la prison, la torture anglaise, la mort.

Ici l'on ne voit plus que Lui et autour de Lui, comme dans l'histoire, tout est comparse. Son souvenir à chaque pas nous étreint et nous accable. Au devant de ce décor où Il a vécu, flotte quelque chose de sacré, les formes s'accusent et se précisent, Général, Consul, Empereur, Il se dresse devant nos yeux aux époques décisives de Sa vie. C'est Lui :

Il s'est assis là, Grand'Mère.

LE SACRE[1]

En 1847, à une séance de la Chambre des Pairs, où le parlementarisme avait donné son habituel spectacle : « les consciences qui se dégradent, l'argent qui règne, la corruption qui s'étend, les positions les plus hautes envahies par les passions les plus basses », Victor Hugo — alors le vicomte Hugo — disait : « Tenez, parlons un peu de l'Empereur, cela nous fera du bien. »

Nous venons vous parler de l'Empereur.

Que n'ai-je le loisir de dérouler devant vous, d'un bout à l'autre, l'histoire de l'homme le plus étonnant qu'ait vu passer l'humanité ; de vous dire, non pas les raisons de sa destinée, — car elles échappent comme la Destinée même, — mais les justifications de cette destinée ; que n'ai-je le temps de vous le montrer tel qu'il m'apparaît et de suggérer à vos esprits, avec la conviction qui m'anime,

[1] Conférence prononcée à l'ouverture des conférences napoléoniennes, à l'Université des A le 23 novembre 1908.

la religion de tout ce qui est noble, généreux, national, de tout ce qui, pour moi, s'exprime et se résume par le culte du Héros! Mais ce sont là de trop vastes desseins : au moins ai-je réclamé l'honneur d'inaugurer et de clôturer, devant vous, ces conférences, d'en tracer le cadre, d'en formuler l'esprit, qui demeurera tel, même si d'autres que moi s'en écartent, et d'en tirer la conclusion. Je vous montrerai Napoléon au jour qui semble le plus brillant et le plus heureux de sa vie, et au jour où son supplice s'achève, où les bourreaux triomphent, où les rois, enfin rassurés, ne tremblent plus à son nom.

Le Sacre, c'est, en raccourci, la période entière de l'Empire. Tout le passé de Bonaparte s'y condense, et il faut ce passé pour l'expliquer ; tout l'avenir de Napoléon en découle, et sans cet événement demeurerait incompréhensible. Il y a au Sacre des côtés politiques, sociaux, religieux, pittoresques, artistiques, industriels, légendaires; il y a de tout, et, après y avoir consacré un volume entier, je sens encore mieux combien de points j'aurais dû éclaircir encore. Donc, en une heure, même si je prolonge un peu, je ne saurais avoir la prétention de tout vous dire, d'autant qu'il y a des détails à l'infini. Mais j'essaierai de vous donner une idée générale dont vous pourrez trouver ailleurs les développements.

Laissez-moi vous indiquer, d'abord, le côté

grave, celui par où le Sacre importe à l'histoire, et par où il a influé, d'une façon essentielle, sur la direction des idées, — par suite des actes de Napoléon.

Le général Bonaparte s'était recommandé à l'attention du peuple par ses victoires en Italie et en Egypte ; en même temps, par les gages qu'il avait donnés à la Révolution, en vendémiaire an IV et en Fructidor an V, il rassurait ceux qui, en aspirant au rétablissement de l'ordre et de la sécurité, au règne des lois, à l'intégrité des administrateurs, à l'égalité devant la justice, à la liberté de conscience, refusaient, de toutes les forces de leur patriotisme, la restauration des princes Bourbons, alliés, complices et protégés de l'étranger.

On ne savait pas trop où l'on allait, avec Bonaparte ; mais le régime qu'il inaugurait ne pouvait être pis que le Directoire et serait toujours préférable à l'ancien régime. Tout le poussa donc et le porta, et, lorsque les parlementaires, comprenant que le régime directorial était à bout, se disposèrent, pour leur compte, à renverser une constitution qu'ils ne pouvaient reviser, il se trouva mis en leur place et chargé de leur besogne par l'opinion de la nation entière. Par la Constitution de l'an VIII, que votèrent trois millions onze mille sept cents Français, Bonaparte se trouva investi de prérogatives, que la Constitution de 1791 déniait et refusait au dernier roi. Mais l'origine du pouvoir est tout.

L'expérience a été faite et elle a été concluante; en trois années, la France a recouvré l'ordre, la sécurité, la paix; elle a reçu une administration qui protège les citoyens au lieu de les opprimer; elle a des finances en ordre, une armée victorieuse et dont la solde est à jour; chacun, à présent, a le droit de penser et de prier à sa guise; chaque citoyen est assuré, par les lois, de son état, de ses biens, de sa liberté civile; la famille est reconstituée; le travailleur, certain de conserver le fruit de son industrie, est porté aux fécondes entreprises; en même temps, la Justice est revenue, non point une justice énervée, capitulant avec le crime et lui cherchant industrieusement des excuses, mais la Justice, telle qu'on la représente aux anciens tableaux, tenant d'une main la balance où elle pèse les actes et, de l'autre, l'épée dont elle les punit. La France est redevenue un État avec lequel comptent les autres États; qu'ils craignent, s'ils ne l'aiment point, et dont le chef, sorti du peuple, élevé par le suffrage unanime des citoyens à la haute dignité dont il est revêtu, si jeune d'âge, si vieux de pensées, ayant, en moins de sept années, accompli ce qui eût demandé des siècles, apparaît comme un phénomène, l'être supérieur qui rénove une société, et qui, créant un type de gouvernement, amène, par une suite d'évolutions ou de révolutions, toutes les autres nations à s'y conformer.

Ce sont ses ennemis mêmes, ennemis de son œuvre et de sa personne, qui le contraignent à franchir ce deuxième degré — celui du Consulat à vie — où il est élu par 3.568.885 voix. Il y est déjà moins lui-même, il se rapproche de personnages historiques, il se rend presque pareil à un roi : que son ambition y ait part, nul doute ; mais les obstacles qu'on lui oppose et qu'il doit surmonter ne peuvent l'être s'il se tient uniquement dans la Constitution ; l'essentiel, pour lui, c'est moins son goût de puissance à satisfaire que le Concordat et le Code civil à mettre en vigueur. La nation a soif de stabilité ; la génération présente s'assure contre les hasards en déférant à Bonaparte, tant qu'il vivra, le suprême pouvoir.

Mais le vivant est à la merci d'une balle, d'un coup de couteau, d'une machine infernale ; les conspirations se multiplient et, de tous les côtés, on en découvre. Oh ! je sais qu'il est de mode, à présent, de raconter qu'elles furent des inventions de police et que le véritable conspirateur c'était Napoléon. Ceux-là mêmes dont quelques années plus tard un boulet français fit justice dans les rangs ennemis, ceux-là dont les récompenses posthumes attestent l'infamie, n'ont jamais eu, paraît-il, ni accointances avec l'étranger, ni relations avec les émigrés et ils furent les innocentes victimes de l'ambition consulaire.

Ce sont là d'ingénieux paradoxes. S'il faut que

la conspiration ait réussi pour qu'on y croie, il convenait que Bonaparte se laissât tuer. Encore trouverait-on, à présent, des circonstances atténuantes à l'assassinat, et dirait-on qu'il l'a lui-même provoqué. Que, pour monter d'un échelon encore, il ait profité des fautes de ses adversaires, qu'il ait proposé à la nation de prolonger, par l'hérédité, au delà de sa propre vie, son gouvernement viager, d'assurer ainsi l'avenir si redoutable et si redouté, et de consolider à jamais la Révolution, quoi d'étonnant s'il en eut la pensée, si on l'eut autour de lui et si la nation l'acclama? Ce fut sa troisième élection en quatre années : celle où la nation, par 3.572.389 voix, l'élut Empereur des Français.

Mais il restait, quand même, l'Empereur des Français dans la République Française, et, sauf certaines formes extérieures, rien n'était modifié dans la substance du gouvernement. Le Sénatus-consulte du 22 floréal an XII avait réglé que l'inauguration de l'Empire serait faite par un serment aux Constitutions; mais cette cérémonie n'avait rien que de laïque, et c'était au Temple de Mars qu'elle devait avoir lieu.

Le Temple de Mars, — ci-devant l'église Saint-Louis des Invalides, le somptueux édifice que Louis XIV fit ériger par Libéral Bruant et par Mansart à la gloire de ses armées et à sa propre gloire — le Temple de Mars était devenu, surtout depuis le Consulat, le théâtre habituel des cérémonies patriotiques. Là, le 20 pluviôse an VIII (9 février 1800), le général Lannes avait présenté au ministre de la Guerre, Carnot, les quatre-vingt-seize drapeaux pris par l'armée d'Orient, et Fontanes avait prononcé l'éloge de Washington; là, le 25 messidor (14 juillet 1800), avait été célébrée la fête commémorative de la prise de la Bastille: Lucien Bonaparte, ministre de l'Intérieur, avait prononcé un discours mémorable; le général Lannes, les chefs d'escadrons Burthe, Wadeleu et Geometry avaient présenté aux Consuls les drapeaux pris par l'Armée de réserve, l'Armée d'Italie et l'Armée du Rhin, et Mme Grassini, soutenue par un orchestre de vingt musiciens, avait, avec le citoyen Bianchi, entonné le Chant du Triomphe sur la Délivrance de l'Italie — paroles de Fontanes, musique de Méhul. A la symphonie, comme on disait, deux orchestres, chacun de cent cinquante musiciens, se répondant des extrémités de l'église, avaient fait éclater leurs instruments, et ç'avait été une innovation très remarquée. Là, le 5e complémentaire an VIII (22 septembre), avaient été solennellement transférés, du Muséum d'histoire naturelle, les ossements de Turenne, et, pour honorer les gloires anciennes, le Consul avait inauguré des cérémonies qui montrent assez comme on savait alors mêler au culte du beau la religion de la patrie.

Nul lieu, donc, n'était mieux indiqué, et, on le

désignant d'abord pour la cérémonie du serment, l'Empereur se conformait à une tradition établie.

Que la cérémonie pût y être majestueuse et nouvelle, qu'elle pût y paraître appropriée à la quatrième dynastie dont Napoléon était le fondateur, c'est ce qu'on vit bien le jour anniversaire du 14 juillet, le 26 messidor an XII, lors de la distribution solennelle des étoiles de la Légion d'honneur ce fut là un spectacle inoubliable.

Laissez-moi vous dire ce que j'en ai vu, — car c'est là le sacre laïque, et il vaut bien le sacre religieux.

Donc, le 26 messidor, le soleil est radieux, le ciel bleu, l'air léger. On a la joie dans l'âme, et tout Paris s'est porté vers l'Esplanade, où les dégagements sont immenses et où les foules évoluent à l'aise.

Deux lignes de troupes, en belle tenue, bordent la haie, des Tuileries aux Invalides. L'Impératrice Joséphine, avec les princesses, ses dames et ses officiers, précède l'Empereur, — cortège très simple de trois carrosses. Napoléon quitte, à midi, le Carrousel, où il a fait défiler la parade. Il est à cheval, uniforme des grenadiers de la Garde, chapeau noir; en avant de lui marchent les Chasseurs à cheval, puis les colonels-généraux, grands officiers de l'Empire, les maréchaux, le prince-connétable; derrière, les colonels-généraux de la Garde, les grands officiers de la Couronne, les aides de camp, et, formant le cortège, les Grenadiers à cheval. A la grille de l'hôtel, le maréchal-gouverneur présente les clés; à la porte de l'église, qui n'a reçu nulle décoration que celle des drapeaux conquis, accrochés par centaines à ses voûtes, le cardinal-archevêque de Paris offre l'eau bénite; l'Empereur est conduit sous le dais à son trône, à gauche de l'hôtel. Derrière et devant, sur les banquettes ou sur les marches du trône, s'asseyent les grands officiers, les grands dignitaires, les ministres, les maréchaux. Au loin, derrière l'autel, sous le dôme, sur un immense amphithéâtre, sept cents militaires invalides et deux cents élèves de l'école Polytechnique s'étagent, mêlant la gloire d'hier à celle de demain; dans la nef, les légionnaires; dans les tribunes, l'Impératrice, les dames, les ambassadeurs, les étrangers.

Le cardinal-légat Caprara commence la messe. A l'Evangile, Lacépède, grand chancelier de la Légion, savant illustre, nullement homme politique, lit un discours; les grands officiers appelés, prononcent individuellement le serment; puis, l'Empereur se lève et il se couvre. Il dit :

« Commandants, officiers, légionnaires, citoyens et soldats, vous jurez sur votre honneur de vous dévouer au service de l'Empire et à la conservation de son territoire dans son intégrité; à la défense de l'Empereur, des lois de la République et des propriétés qu'elles ont consacrées; de combattre par tous les moyens que la justice, la raison et les lois autorisent, toute entreprise qui tendrait à rétablir le régime féodal; enfin, vous jurez de concourir de tout votre pouvoir au maintien de la liberté et de l'égalité, bases premières de nos institutions. Vous le jurez? »

A cette voix profonde et chaude, qui retentit dans les cœurs, et y porte la définitive affirmation de la Révolution victorieuse, répond une acclamation immense que ponctuent les salves de la batterie triomphale. Tous, vieillards, femmes, enfants, prêtres, citoyens, soldats, tendent les mains vers le héros et, dans l'enthousiasme qui les transporte et les enivre, prêtent devant Dieu le solennel serment où, pour maintenir l'œuvre de la Révolution, ils se dévouent à la mort.

Et, lui-même alors, l'Empereur, de sa main, remet à chaque légionnaire, appelé par le grand chancelier, l'étoile et le ruban rouge : tous, là, sont confondus, soldats, cardinaux, peintres, sculpteurs, membres de l'Institut, tout ce qui dans la société civile s'est fait un nom, tout ce qui dans l'armée a eu sa part de gloire; l'élite de la nation est là et il n'est point une seule de ces nominations qui ne soit méritée, justifiée et applaudie.

Nulle solennité plus caractéristique, plus neuve, s'accordant mieux à l'état des esprits, plus représentative du nouveau régime. L'armée et le peuple, les citoyens et les soldats, tous les hommes dont la nation est fière et qui lui ont rendu d'éminents services, ont communié, ce jour-là, dans le culte de l'Honneur et de la Patrie, sous les auspices de celui qui en est l'apôtre; et le jour qu'il a choisi, c'est l'anniversaire du 14 juillet, dont la fête symbolise l'abolition du régime féodal, l'inauguration de l'ère nouvelle. Sous l'uniforme militaire, qui rappelle ses victoires, botté, éperonné, le petit chapeau en tête, l'épée au côté, prêt à monter à cheval pour défendre la Révolution et son œuvre, Napoléon est un contemporain; il n'est point chargé d'ornements fastueux et apocryphes, par quoi il prétendrait se rattacher aux âges révolus. L'âge présent a le chef qu'il faut : leste, mince, jeune et simple. La pompe qui l'entoure est militaire; le théâtre où il paraît est frémissant de sa gloire; la nation salue en lui l'élu qu'elle a mis hors de pair et qui, à force d'avoir bien mérité d'elle, a été, par son libre et unanime consentement, placé au rang suprême. Ce jour-là, 26 messidor an XII, a été inauguré l'Empire, tel que le peuple et l'armée avaient voulu qu'il fût.

Napoléon ne le comprit pas — ou, plutôt, cet empire moderne, contemporain, cet empire démocratique ne lui parut pas assez *empire*. Sa pensée avait évolué; l'élection populaire ne le satisfaisait plus; soit qu'il y crût lui-même, soit qu'il voulût y faire croire, il réclamait une élection divine : seule, une telle désignation affermirait sa dynastie, la mettrait à égalité avec la troisième, celle des Capétiens, dont, vainement, près de ses représentants actuels, il avait tenté d'obtenir la renonciation définitive, à égalité avec les dynasties européennes, au milieu desquelles il comptait se placer.

Telle quelle, aussi brièvement présentée, sans les développements qu'elle comporte, l'assertion peut paraître suspecte. Il faut s'efforcer de comprendre : le pouvoir qui a une origine démocratique est toujours dépendant; seul est indépendant le pouvoir qui a une origine divine : c'est celle que les rois de France attribuaient à leur pouvoir, et non point les rois de France seuls, mais tous les souverains, empereurs, rois, princes, électeurs, ducs et grands-ducs qui, sous un vocable quelconque, régnaient en Europe sur des peuples, que ces peuples se composassent de millions d'hommes comme en Russie, en Autriche, en Espagne, ou de quelques milliers, ou de quelques centaines comme dans des Etats d'Allemagne. Napoléon trouvait donc à son pouvoir une infériorité d'origine par rapport aux autres souverains s'il était uniquement l'élu de son peuple.

Mais à qui demander cette investiture divine? Le temps était passé où la colombe descendait du ciel pour apporter à saint Rémi l'ampoule sainte, contenant le chrême dont il devait sacrer le roi. Une telle intervention n'était plus probable. Sans doute, mais, dans l'univers catholique, le Christ avait un vicaire : le Pape. La France était redevenue catholique, — ou, plutôt, elle n'avait jamais cessé d'être telle ; — mais, depuis que le Premier Consul avait rétabli la liberté des cultes, depuis qu'il avait conclu avec Pie VII le Concordat, la ferveur, avivée par la persécution révolutionnaire, s'était à ce point rendue extérieure que l'on devait croire le sentiment religieux la base la plus efficace d'un pouvoir nouveau.

Aux yeux des catholiques, cette intervention divine pouvait donc émaner du Pape et se manifester par le Sacre. Le cardinal-légat, avant même qu'il fût pressenti, a offert ses services ; Pie VII est tout disposé à se rendre agréable à l'auteur du Concordat, rien ne semble plus simple. Mais, de là, tout sera changé ; de là, la cérémonie civile tombera au second plan, en admettant même qu'elle subsiste, et la cérémonie religieuse, devenue non pas seulement la principale, mais l'unique, effacera par ses splendeurs à l'ancienne mode tout ce qui portait enseignement, tout ce qui affirmait l'accomplissement de la Révolution.

La négociation si simple, lorsque Caprara la présente et que le Pape l'accepte, se complique ensuite de marchandages de nature à en retarder, presque à en compromettre l'issue ; entre Pie VII, empressé à témoigner sa reconnaissance, et Napoléon, disposé à tenir un large compte du service qui lui aura été rendu, le secrétaire d'État et le Sacré Collège s'efforcent de multiplier les malentendus, de créer des difficultés, de servir une politique dont ils ont été, dont ils sont, dont ils resteront les agents jusqu'au jour où, triomphant par les armes des souverains coalisés, ils auront abattu Bonaparte. A cette fois, ils consentent bien que le Pape consacre l'usurpation, pourvu que l'usurpateur restitue les Légations, qu'il garantisse l'intégrité des États de l'Église et qu'il abolisse en France les Articles organiques. Mais le Pape refuse d'entrer en marché ; l'Empereur se dérobe aux engagements. Il n'en prend qu'au sujet de la cérémonie même ; — en tête-à-tête avec le Pape, qui lie et qui délie, il saura, le moment venu, se faire relever de ses promesses.

L'investiture par le Pape, car il ne convient pas de jouer sur les mots, et c'est bien là ce que cherche Napoléon, c'est le fond ; mais il y a la forme, il y a les mobiles historiques, les précédents européens qui déterminent chez Napoléon certaines impressions. Il ne faut point le dissimuler ; il est rarement conduit par des doctrines philosophiques ; bien plus ordinairement par des faits antérieurs, des images et des souvenirs. Il est bien plus qu'on ne pense l'homme de la tradition et de toutes les traditions, et, lorsqu'on cherche à déterminer l'origine de ses idées, l'on trouve généralement à la base une réminiscence.

Lorsque j'eus le très grand honneur de succéder à l'Académie à M. Gaston Paris et que, pour parler de lui, j'étudiai son œuvre et, en particulier, cette *Histoire poétique de Charlemagne* qui constitue son titre principal, je fus amené à me demander si les Chansons de gestes n'avaient point exercé une influence sur les idées de Napoléon, et si l'on ne devait point attribuer cette grande passion qu'il avait éprouvée pour Charlemagne à des lectures de son enfance. Je projetais donc d'écrire dans mon discours de réception :

« Hors de la littérature, quelle place la légende de Charlemagne occupe dans notre vie nationale! Ce n'est point d'après l'histoire que Napoléon a pris l'idée du grand empereur, — cette histoire, on l'ignorait, en son temps, plus complètement encore qu'aujourd'hui, — mais il l'a reçue des échos lointains de l'épopée; cette idée le hante, elle suggère ses desseins, elle inspire ses actes, elle lui fournit des formules, des institutions, des revendications même... »

Je passe le développement : je trouvais là l'explication, la seule acceptable, de faits qui, autrement, demeuraient incompréhensibles, et je n'ai pas besoin de dire que j'y tenais. Mais, lorsque je lus mon discours à mon ami très cher et très regretté, Albert Sorel, et que j'arrivai à ce passage, il m'arrêta et, simplement, me dit :

— La preuve?

Et je n'avais aucune preuve, et je dus couper le morceau auquel j'étais le plus attaché.

Or, voici quelques mois, parut, dans un journal, sur la jeunesse de Napoléon, le très curieux témoignage d'un Corse contemporain, d'un oncle même de Napoléon, — oncle à la vérité un peu suspect, car il se nommerait Michele Durazzo, et je ne trouve de lui nulle trace, mais il y a peut-être en Corse des oncles à la mode de Bretagne ou de Bourgogne, — et j'y lus que, dans son enfance, les *Reali di Francia* le passionnaient entièrement. Les *Reali di Francia*, c'est, entre les poèmes carolingiens, celui qui, depuis le XVe siècle, est le plus populaire en Italie, et M. Gaston Paris a consacré, à en étudier les variantes, plusieurs pages de son livre.

Je n'avais donc point eu tort : l'idée par la suite, s'est précisée et s'est développée, mais elle a eu son point de départ dans une impression légendaire. Et, de là parti, comme les rapprochements s'imposent !

Charlemagne, c'est le fondateur de la deuxième dynastie, comme Napoléon entend être le fondateur de la quatrième dynastie. Charlemagne a régné sur la France, l'Italie et l'Allemagne, comme Napoléon y règne à présent. Charlemagne a été réformateur, législateur et guerrier, comme est Napoléon. Charlemagne a été Charles le Grand, comme Napoléon est Napoléon le Grand. Charlemagne a été sacré par le Pape, et c'est assez pour que Napoléon veuille recevoir du Pape l'onction sacrée, Aussi, c'est à Charlemagne que Napoléon dédie une statue, dont il décrète l'érection sur la colonne nationale ; c'est au tombeau de Charlemagne que se rend Napoléon dès qu'il a été proclamé empereur; c'est des insignes de Charlemagne qu'il veut se revêtir et, s'il y renonce parce que ceux qu'on retrouve sont démontrés aprocryphes, au moins commandera-t-il qu'ils soient portés devant lui en grande pompe. Charlemagne eut douze pairs, Napoléon aura douze maréchaux d'Empire; Charlemagne passe pour avoir nommé des dignitaires dont les titres, peut-être empruntés à l'Empire d'Orient, se sont transmis dans son Saint-Empire-Romain-Germanique et, de même, Napoléon nommera un archichancelier et un architrésorier. Charlemagne, selon la légende des vieux héraldistes, a porté pour armoiries *d'azur à l'aigle d'or empiétant un foudre de même,* et ce sont les armes que Napoléon donne à son empire. Ces rapprochements, que j'indique sommairement, peuvent être multipliés presque à l'infini, et n'est-ce pas dans un des décrets de 1810 qu'on lit : « L'Empereur Charlemagne, notre auguste prédécesseur. » Après mille ans de sommeil aux cryptes d'Aix-la-Chapelle, l'empereur à la barbe fleurie revit en ce jeune Corse de trente-cinq ans, « aux yeux d'un bleu pâle, à la barbe rare, à la chevelure lisse, d'un blond châtain ».

De cette religion de Charlemagne, découlent même les costumes qu'adoptera Napoléon pour la cérémonie du Sacre, — costumes qui, restés tels qu'ils ont été décrétés pour l'Empereur et l'Impératrice, sont modifiés au dernier moment pour les princes et les grands dignitaires, lesquels au lieu des robes de soie blanche et des manteaux traînants de couleurs variées, reçoivent des costumes qu'on appelle à l'espagnole, des chapeaux à la Henri IV, et des manteaux courts.

Comme je voudrais les déplier devant vous et vous les faire admirer, ces costumes où s'est appliquée, en même temps que la plus étonnante imagination artistique, une entente de la magnificence, un sens de la majesté qu'on ne vit nulle part à un tel degré.

Sur un livre, où j'avais traité du Sacre, je reçus l'an dernier, une communication qui me ravit. La maison de commerce où avaient été exécutées les broderies de ces admirables costumes existait encore à Paris ; le successeur de Picot, brodeur de Sa Majesté l'Empereur et Roi, voulait bien mettre à ma disposition ses livres de commerce et ses modèles ; travaillant avec le même art et le même goût, il m'expliqua sur ces patrons troués d'une infinité de piqûres d'épingle, comme avaient été exécutées ces broderies, dont les unes sont conservées au Musée des Arts décoratifs, certaines au trésor de Notre-Dame, quelques autres au Musée de Vienne. La broderie, art si français par son dessin et par sa technique, art qui, au travers de toute notre histoire, prête à l'habillement des rois, des courtisans, des prêtres, des femmes, le rayonnement des ors, l'éclat joyeux des soies, la note froide des argents, qui jette aux yeux comme un éblouissement et qui, seul, donne l'impression formelle du luxe! A toucher ces patrons, je revoyais une société où les êtres savaient se parer pour se plaire les uns aux autres, où les signes extérieurs de la hiérarchie inspiraient de salutaires respects et où la magnificence des costumes, spectacle sans pareil, provoquait un continuel effort artistique et faisait, par une grande industrie, vivre des centaines d'artistes et d'ouvrières.

*
* *

Mais l'heure passe, et c'est à peine si j'ai abordé le sujet que je voulais développer devant vous. Je ne vous ai rien dit de Joséphine et des raisons pour lesquelles Napoléon l'associa à ces suprêmes honneurs, rien du voyage du Pape, rien des négociations engagées avec lui, rien des préparatifs faits à Notre-Dame et des courses éperdues du grand maître, M. de Ségur, chez les fabricants, les tailleurs, les brodeurs et les plumassiers. A peine me reste-t-il le temps de vous raconter ce que fut cette journée du 11 frimaire an XII (2 décembre 1804), l'une des plus intéressantes que l'histoire ait enregistrées.

Le 10, de six heures du soir à minuit, des salves d'artillerie tirées d'heure en heure, annoncent la solennité du lendemain : à chacune, des flammes de bengale s'allument sur tous les lieux hauts de Paris ; les théâtres jouent gratis; des corps de musique parcourent les rues.

Toute la nuit la neige tombe; à huit heures elle s'arrête et le froid reprend. Avant le jour, les députations des corps civils se réunissent au Palais de Justice et, à sept heures, elles partent à pied pour Notre-Dame, en même temps que, de la place Dauphine, les députations des armées de terre et de mer et des gardes nationales. A huit heures partent de leurs palais respectifs, en voiture et sous escorte de cent cavaliers, les membres du Sénat, du Conseil d'État, du Corps législatif, du Tribunat; puis, du Palais de Justice, la Cour de Cassation arrive à pied, sous une escorte de quatre-vingts fantassins. C'est une terrible mêlée sur la place du Parvis, grande à peine comme le quart de la place actuelle, dans les petites rues qui y aboutissent et que la foule obstrue. Nulle voiture, d'après la consigne, ne doit approcher de la métropole; les femmes invitées ont dû descendre à l'entrée de la rue de la Barillerie, et, en toilettes de gala, bras nus, poitrine largement décolletée, elles se faufilent à grand'peine à travers le populaire.

Dans l'église, l'ordre de préséance ne part point du chœur, mais des orgues devant lesquelles est dressé l'immense trône d'où l'Empereur prêtera le serment constitutionnel. Les premiers, les sénateurs, habit et manteau de velours bleu à large broderie d'or, ceinture de soie blanche : puis les conseillers d'État, bleu foncé brodé de soie bleu clair; les législateurs, bleu brodé d'or; les tribuns, bleu brodé d'argent, les conseillers à la Cour de Cassation, robe rouge couleur de feu avec épitoge d'hermine; puis, les grands officiers de la Légion, les commissaires de la Comptabilité nationale, les généraux selon leurs grades : Que dire? c'est le décret de messidor sur les préséances qu'il faudrait répéter : car toute la France est là, la France officielle, une France où chaque organe administratif a sa place, son rang, son uniforme, se distingue au premier coup d'œil à ses couleurs ou ses broderies, et ne saurait être confondu : c'est la France telle que l'a faite Napoléon, nouvelle comme lui, portant si profondément son empreinte, résultant si exactement de son esprit organisateur, hiérarchique et formaliste, qu'elle ne saurait appartenir à nul autre, qu'elle est son œuvre — et l'œuvre de quatre années.

Dans les tribunes, les dames et les officiers, des princes et princesses, le corps diplomatique, les membres de l'Institut, l'état-major de Paris, beaucoup de femmes; dans les deux rangs des galeries, autour de la nef et du chœur, les députations des armées. Cela fait une superposition de têtes à l'infini; du pavé aux voûtes, des têtes qui s'agitent et des yeux qui regardent.

On a cru devoir *décorer* l'église comme si tout ce qui est décoration n'était point pour l'enlaidir; on a couvert d'étoffes brodées d'aigles toutes les parties de pierre du majestueux vaisseau; on a enguirlandé les piliers, mis des rideaux aux tribunes. Cela est d'usage, dit-on, et cela est laid.

A neuf heures battant, le cortège du Pape quitte les Tuileries. En tête, un escadron de dragons, puis la voiture des officiers de l'Empereur, détachés près du Pape; puis, sur un mulet qu'on n'a point acheté, mais loué et qui est sordide, monsignor Speroni, le porte-croix du Pape, raide, tout d'une pièce, portant haut et droit son crucifix. Dans la foule, nullement recueillie, une risée court, s'accroît, monte presque en huée : « La mule du Pape! Va-t'en baiser la mule du Pape. » Speroni passe, impassible. Après lui, un carrosse à six chevaux pour les grands officiers de la Cour pontificale; enfin, le carrosse de Sa Sainteté. Il est attelé de huit chevaux gris pommelé, d'une merveilleuse beauté, dont la tête est empanachée de blanc, la crinière et la queue tressées de rubans jaune et or et que mène à grandes guides, un cocher en grande livrée jaune, galonnée d'or; à la tête des chevaux, garçons d'attelage et piqueurs jaune et or, derrière et devant, groupes de valets de pied jaune et or. A l'intérieur, tendu de velours blanc brodé d'or, en face de deux cardinaux rouges, le Pape tout blanc. On le voit à clair par les huit glaces montées sur la caisse dorée et peinte, sous l'impériale où, soutenue par quatre colombes dorées, se dresse la tiare pontificale. A la portière de droite, seul, un écuyer de l'Empereur. Après, six voitures à six chevaux, pour la suite ecclésiastique, et un escadron de dragons.

Entre une triple haie de soldats en grande tenue toute neuve, le cortège s'avance; par la rue Saint-Nicaise, il débouche du Carrousel dans la rue Saint-Honoré qu'il suit jusqu'à la rue du Roule; là, il tourne, s'engage dans la rue de la Monnaie, et, par le Pont-Neuf, gagne le quai des Orfèvres, l'étroite rue Saint-Louis, la rue du Marché-Neuf, la rue du Parvis. On a choisi les voies les plus larges, mais on n'a pu éviter cette rue Saint-Louis, pressée, du quai des Orfèvres à la rue de la Barillerie, entre les hautes maisons donnant sur le petit bras de la rivière et celles adossées aux bâtiments qui entourent la Sainte-Chapelle.

Sauf à la place du Tribunat (place du Palais-Royal) et à la pointe de la Cité, où des tribunes ont été disposées, la foule n'a pu s'accumuler. Les têtes se découvrent : pas toutes. Nul signe de vénération. Personne qui se prosterne ou s'agenouille; les bénédictions tombent dans le vide. L'heure n'est point venue, et ce n'est point là le public qu'il faut. Le Pape aura ses revanches.

Devant la tente que Fontaine a dressée autour de l'église et qui conduit à couvert à l'archevêché, le Pape descend de son carrosse : le cardinal de

Belloy, archevêque de Paris, le reçoit et le conduit à la grand'salle, où sont assemblés les cardinaux, les archevêques et les évêques français, les curés et les desservants des paroisses de Paris; sur des tables, sont disposés les ornements pontificaux, puis les ornements des diacres et sous-diacres latins et grecs, enfin les chandeliers des acolytes. Le Pape se revêt des ornements, pendant que l'archevêque regagne l'église, au portail de laquelle il doit recevoir Sa Sainteté.

Le cortège se met en marche. En tête, l'abbé de Salamon porte la croix pontificale. Et n'est-ce point une belle revanche pour celui qui fut, dans le Paris révolutionnaire, le mystérieux internonce de Pie VI, pour l'échappé des Massacres de Septembre, pour le confesseur de la foi, qui vit la religion catholique solennellement abolie par décrets de la Convention et de la Commune, de rentrer ainsi, le premier du cortège papal, dans l'église épiscopale de Gobel, Temple de la Raison, Temple de l'Être suprême?

A ses côtés, les chapelains secrets portent les deux mitres de Sa Sainteté, le thuriféraire avec l'encensoir et la navette, les huit acolytes, avec les sept chandeliers; derrière, le diacre latin, entre le diacre et le sous-diacre grecs; puis, la double file des évêques, des archevêques et des cardinaux français, ceux-là en rochet, ceux-ci avec l'amict, le rochet et la chasuble. Et, après les cardinaux-évêques assistants et les officiers de l'Empereur, le Pape, tiare en tête, entre deux cardinaux qui soutiennent les bords de sa chape; derrière, les officiers et la foule du clergé. Une garde d'honneur l'entoure, et, à l'entrée dans l'église, les grenadiers de la Garde présentent les armes; et le Pape, qui a reçu l'aspersoir des mains du cardinal de Paris, bénit les prêtres d'abord, puis, d'un geste large, il bénit l'assistance, soldats, sénateurs, conseillers d'État, législateurs, toute la foule et toute la France, et sans doute est-ce là, pour qui veut se souvenir, le moment le plus émouvant de la cérémonie...

L'orchestre, le double orchestre de quatre cents musiciens que dirige Lesueur, attaque le *Tu es Petrus*, pendant que, sous le dais, que portent les chanoines, le Pape s'avance vers l'autel; il y fait sa prière, puis est conduit à son trône, du côté de l'évangile, où les évêques viennent lui renouveler l'obédience. On dit *Tierces*. Il est dix heures et demie à peine. Puis, l'on attend, Pie VII, immobile, les yeux fermés, priant, ne sentant ni le froid, ni la lenteur de l'attente.

A dix heures, des salves d'artillerie ont annoncé que l'Empereur partait des Tuileries; mais on a mal calculé les retards que produirait, dans les rues étroites, l'immense cortège.

En tête, après les trompettes et les timbaliers des carabiniers, le maréchal Murat, gouverneur de Paris, caracole en avant de son état-major, puis, carabiniers, cuirassiers, chasseurs de la Garde et mamelucks ; les hérauts d'armes, alors, à cheval, le bâton brodé d'abeilles en main, la cotte d'armes de velours violet brodée d'aigles au corps, en tête la toque de velours dont les longues plumes blanches s'effarent au vent ; les voitures ensuite, toutes à six chevaux, toutes d'or glacé de vert et de rose ; la voiture des maîtres des Cérémonies, les quatre voitures des grands officiers de l'Empire, les trois voitures des ministres, la voiture des grands officiers de la Couronne, la voiture des grands dignitaires, la voiture des princesses.

Un temps : l'EMPEREUR.

Son carrosse, c'est un monde qui roule : le corps de la voiture, tout doré, est décoré de frises peintes symbolisant les départements de l'Empire ; aux portières, les grandes armoiries ; sur le ciel que portent quatre figures allégoriques et qui est tendu de velours vert brodé d'or et cerclé par une guirlande de lauriers qu'arrêtent des aigles d'or, s'érige, entre quatre aigles, sur un autel d'or, une couronne « modelée sur celle de Charlemagne ». L'intérieur est tendu de velours blanc brodé partout d'emblèmes d'or. Sur la housse et la garniture vertes, semis d'abeilles, et les grandes armoiries en bronze ciselé et doré ; les huit chevaux isabelle — cette robe seule et la grise sont de grand gala — empanachés de blanc, nattés, pomponnés, cocardés de rouge et d'or, harnachés en maroquin rouge avec les bronzes dorés au mat, sont menés à grandes guides par un cocher — et c'est César, le cocher qui, le 3 nivôse, eut un si heureux coup de vin — plantureux, étoffé, galonné d'or sur toutes les tailles de son long habit vert. Piqueur sur le cheval de volée ; garçons d'attelage à la tête de chaque paire ; derrière le siège et derrière le carrosse, grappes de pages, autant qu'il en a pu monter ; tout cela vert, rouge, blanc et or. Puis, en ordre, autour de la voiture, les aides de camp, les colonels de la Garde, les écuyers, l'inspecteur général de la Gendarmerie.

A l'intérieur, à droite, l'Empereur en *petit costume*, le costume dit à l'espagnole, velours pourpre brodé d'or, étincelant de pierreries ; à gauche, l'Impératrice, toute gracieuse, souriante, rajeunie, la figure si bien faite qu'elle paraît vingt-cinq ans : robe à manteau de satin blanc, brodé d'or et d'argent mélangés, diamants au diadème, au col, aux oreilles, à la ceinture. Sur la banquette devant, les princes Joseph et Louis, — encore des costumes à l'espagnole, mais blancs. Cela détonne au milieu des uniformes, paraît efféminé, sent le travesti. Cela demande la lumière artificielle d'un bal, non le plein jour de la rue. Rien là qui émeuve, qui frappe, qui soit actuel et contemporain.

Ah ! l'habit des Grenadiers !

Après le carrosse impérial, des voitures et des voitures, toutes à six chevaux, le cocher menant à grandes guides, postillon sur le cheval de volée, valets de pied derrière ; douze voitures pour les grands officiers de la Couronne, les dames et les officiers de l'Impératrice, de l'Empereur, des princes et des princesses et des grands dignitaires. Puis, les Grenadiers à cheval, les canonniers, la Gendarmerie d'élite.

Tel le cortège ; on regarde, on admire, on crie peu ; on attend depuis deux, trois, quatre heures ; trop de soldats qui empêchent de voir. Et puis, est-ce là l'Empereur, est-ce là Bonaparte, est-ce là, tout velours, plumes, or et diamants, en héros d'opéra, le soldat, le général, le consul ?...

Il est onze heures quand l'Empereur descend de son carrosse, sous la tente dressée en face du Pont de la Cité, auprès du palais de l'archevêché. Au bas de l'escalier, réception par le cardinal de Belloy, puis conduite aux appartements, et, là, les grands costumes. Il faut du temps à Napoléon pour se dévêtir, pour passer les bas de soie brodés d'or, chausser les brodequins de satin blanc et, sur la culotte, revêtir la tunique de soie blanche, pour nouer la ceinture porte-épée, coiffer la couronne de lauriers, ajuster l'immense manteau de velours pourpre, chargé de broderies et doublé d'hermine. Et à Joséphine, si minutieuse en sa coquetterie, si experte, mais si longue à donner les plis qu'il faut aux vêtements qu'elle porte, pour la toilette entière qu'elle doit faire, pour cette robe de satin blanc, semée d'abeilles d'or, pour les manches si délicates, avec leurs crevés garnis de diamants, pour la haute collerette de dentelles, pour toute la parure de diamants, surtout pour l'ajustement de ce manteau de velours, de vingt aunes, chargé de 1.600 francs de broderies et 10.300 francs de peaux d'hermine, ce manteau qui n'est attaché que sur l'épaule gauche, qui est soutenu seulement par une agrafe à la ceinture, de façon à laisser la poitrine et le dos à découvert et la taille libre — est-ce trop, en vérité, de trois quarts d'heure ?

A la fin, l'Empereur, de ses mains gantées d'or, a saisi le sceptre et la main de justice ; il descend des appartements, et, dans la galerie couverte, qui longe l'église, le cortège se forme. D'abord les massiers, tout noir et vert, masse d'or en main ; les hérauts d'armes, violet et or ; les pages, vert et or ; les maîtres de Cérémonies, que suit le grand-maître, violet et argent. — Et alors les Honneurs de l'Impératrice, portés par des maréchaux, bleu de France et or, chacun encadré de deux officiers de la Maison, bleu clair, écarlate, et vert brodé d'argent. L'Impératrice, à présent, entre son premier chambellan et son premier écuyer, son manteau porté — non, soutenu — par les quatre princesses, ses belles-sœurs, et, de chacune d'elles, le manteau porté par un officier de sa maison. Après, les dames de l'Impératrice, l'escadron volant que mène la bossotte La Rochefoucauld, bouquet de femmes si radieusement belles, ou jolies, ou rares, que, dans cette église où elles entrent, elles éveillent un frisson de joie, de volupté et de désir.

Et après, entre des officiers dont les habits, écarlate, bleu clair, vert et bleu foncé, sont tout brodés d'argent, ce sont les Honneurs de Charlemagne : Kellermann avec la couronne, Pérignon avec le sceptre, Lefebvre avec l'épée, vétérans auxquels est confiée la gloire du passé. Puis, les Honneurs de l'Empereur ; Bernadotte, en maréchal d'Empire, portant le collier de la Légion, Eugène Beauharnais, en colonel général des chasseurs, l'anneau ; Berthier, en grand veneur, le globe ; Talleyrand, en grand chambellan, la corbeille du manteau.

L'Empereur alors, tenant le sceptre et la main de justice, son manteau porté par les princes et les dignitaires en costume à l'espagnole, contraste fâcheux avec la tunique à l'antique et la couronne du César romain.

Derrière, les grands officiers de la Couronne, les colonels-généraux de la Garde, les ministres, les maréchaux, les grands officiers de l'Empire. Le canon tonne sur le bas quai, le bourdon sonne dans les tours ; les deux orchestres ont attaqué une marche guerrière ; sous leurs dais, que portent les chanoines, l'Empereur et l'Impératrice s'avancent vers le chœur. On commence enfin ! Il est midi.

Selon l'étiquette adoptée, si longuement discutée, où il a fallu fondre le pontifical romain et le cérémonial de Reims, où l'on s'est efforcé de sauvegarder les droits du pouvoir temporel sans trop offenser le spirituel, et sur lequel, jusqu'à la dernière minute, on a négocié pour arracher au Pape une à une les concessions; selon cette étiquette que des incroyants ont accommodée à un acte qui demande essentiellement la foi, la cérémonie se déroule; aucun recueillement; on a froid, on a faim; très faim, quoiqu'il se soit glissé dans l'église des gagne-deniers, avec de la charcuterie et des petits pains. Sauf des tribunes du chœur, et, encore de celles du rez-de-chaussée et du premier étage, on n'en voit rien. Heureusement, on a la musique, la messe et le *Te Deum*, composés exprès par Paësellio, où Lesueur et l'abbé Rose ont intercalé des morceaux de leur façon : une débauche de musique. Pour les parties d'orchestre, on a copié et on exécute 17.738 pages de musique!

Ainsi que l'a voulu Napoléon, la première partie de la cérémonie n'est vue dans ses détails que « par des prêtres ou par des hommes qui, par la supériorité de leur raison, ont autant de foi que dans le VIIIe siècle ». Ainsi, le serment religieux, les onctions, la bénédiction et la tradition des ornements passent inaperçus. À peine si, de la nef, on a distingué l'Empereur, lorsque, montant à l'autel et se tournant vers l'assistance, il s'est couronné lui-même; il a disparu lorsque, descendant les degrés, il est venu couronner l'Impératrice. La marche vers le grand trône placé au portail, avec les manœuvres du cortège se déployant et se resserrant, produit de l'effet; mais il y a, pour monter à ce grand trône, vingt-quatre degrés presque à pic ; l'Impératrice a gravi les cinq premiers, lorsque le poids du manteau, qui n'est plus soutenu par les princesses, restées en bas des marches, la fait chanceler, manque l'entraîner, la précipiter en arrière ; il lui faut une tension de tous ses nerfs pour se redresser et continuer l'ascension. Et l'Empereur de même ; on le voit faire un léger mouvement en arrière, mais, par un élan, il se reprend et gravit lestement les degrés.

Après l'intronisation, lorsque le Pape baise l'Empereur sur la joue et, se tournant vers l'assistance, prononce le *Vivat Imperator in æternum*, on comprend peu et on ne crie guère ; d'ailleurs, on attend le *Vivat* de l'abbé Rosé, dont on a dit des merveilles. Il y a la distraction des allées et des venues du grand aumônier portant et rapportant, du grand trône à l'autel, le livre des Évangiles et la Paix ; il y a surtout les offrandes, le joli spectacle des plus agréables entre les dames du Palais, marchant après le grand maître et portant, d'un geste étudié, décent et pieux, les deux cierges incrustés de treize napoléons d'or, le pain d'argent, le pain d'or et le vase, — mais on a si faim !

La messe est terminée ; le Pape, ses assistants, les cardinaux et les prêtres de sa suite se retirent dans la sacristie du trésor. Le grand aumônier va chercher à l'autel le livre des Évangiles, le porte au grand trône et, debout à la gauche de l'Empereur, le tient ouvert. Les présidents du Sénat, du

Conseil d'État, du Corps Législatif, du Tribunat, déploient la formule du serment constitutionnel ; la main sur les Évangiles, Napoléon le prononce d'une voix qui retentit aux extrémités de l'église et, lorsqu'il a terminé, durant que le héraut d'armes redit les formules désuètes des Capétiens et proclame « *le très glorieux et très auguste Empereur des Français sacré et intronisé* », les hommes de la Révolution, témoins et garants de ce serment qui affirme et stabilise leur œuvre, qui rend définitives les conquêtes emportées par treize années de luttes, acclament Celui en qui, alors seulement, ils reconnaissent le chef de leur choix, leur élu, le représentant couronné de la Révolution triomphante.

C'était là l'essentiel de la cérémonie ; on voit comme il a été noyé et perdu dans les pompes religieuses. Ainsi s'est atténuée l'origine démocratique et efficace du pouvoir impérial sous les origines divines qu'on a prétendu lui donner.

Le cortège se reforme et reconduit l'Empereur à l'archevêché. Il est trois heures : le jour tombe sous le ciel neigeux et l'itinéraire que l'Empereur doit suivre au retour est bien plus long qu'à l'arrivée ; par la rue de la Barillerie, on gagnera le Pont-au-Change, et, de là, par la rue Saint-Denis, les boulevards, la rue Impériale et la place de la Concorde, on rentrera aux Tuileries par la grille du Pont-Tournant et le jardin.

A mesure que, la nuit commençant, on s'enfonce

dans les quartiers les plus commerçants et les plus populeux de la ville, les cavaliers d'escorte, les pages, les valets de pied ont allumé les torches distribuées à profusion. Entre les maisons tapissées du haut en bas, — car on ne pavoisait point alors, on *tendait*, comme en certains pays, encore, au passage des processions, et c'est une bigarrure de tapisseries, de perses, de jus d'herbe, de toiles de Gênes, c'est les draps blancs pendant des fenêtres, piqués de branches vertes, — entre ces maisons étroites et hautes, qui, à tous les étages, s'illuminent : les riches, de pots de feu, de verres de couleur et de lampions, les pauvres de chandelles des six coupées en quatre, l'immense langue de feu s'insinue et, à proportion qu'elle avance, un roulement d'acclamations l'accueille. C'est Paris, le Paris des travailleurs, des ouvriers et des marchands, qui salue son héros. Aux boulevards, les illuminations sont officielles, comme à la place de la Concorde ; des Invalides à la préfecture de police, sur la Seine, tout s'éclaire et resplendit ; mais, en vérité, ces flammes — ifs, étoiles, orangers, guirlandes de feux de couleur, lustres, colonnes, arcs de triomphe — valent-elles, pour célébrer l'élu du peuple, la vacillante lumière d'un de ces bouts de chandelle qu'un tâcheron patriote de la rue Saint-Denis a allumée au-devant de sa mansarde, et qui tremble et s'allonge au vent du soir ?

De cette cérémonie, la plus somptueuse, qui

jamais ait été célébrée à Paris, de ces fêtes que je voudrais dire, car, durant des semaines, la féerie continua, faut-il tirer quelques conclusions? Que jamais le commerce parisien ne rencontra pareille aubaine, car on ne saurait porter la dépense qui fut faite au-dessous de vingt millions, — c'est-à-dire au moins cent millions d'à présent; que les arts et tous les arts, arts industriels, arts graphiques, peinture, sculpture, broderie, tissage, bijouterie, tapisserie, en reçurent une étonnante impulsion; mais aussi que le malentendu commença entre Napoléon qui se crut élu par Dieu et les hommes de la Révolution qui le tenaient pour leur élu; que celui qui en tira de fait le plus d'avantages, au moins moraux, ce fut le Pape, et que, de là, data entre Napoléon et le Sacré Collège cette mésintelligence qui devait avoir des conséquences si graves; enfin qu'à Napoléon, qui avait cru s'égaler ainsi aux souverains de droit divin et prendre son rang parmi eux, le Sacre ne servit de rien. Nul d'entre eux ne lui pardonna jamais son origine, et pour faire expier à l'Homme du Peuple d'avoir été l'élu de la nation, d'avoir porté la France de la Révolution à ce sommet de gloire et de richesse, ce ne sera pas trop, à leur compte, de la fournaise équatoriale, des ignominies de Longwood et d'Hudson Lowe pour geôlier!

Vivat Imperator in æternum! Quelle ironie alors? Non pas. C'est le Pape qui l'a prononcé : L'Empereur vit pour l'Éternité!

LE PAPE ET L'EMPEREUR[1]

La Vérité, on le sait, passe pour aller peu vêtue; ce n'est pas faute pourtant qu'on lui ait proposé des ajustements; elle en a même accepté de quoi remplir toutes ses armoires; mais ils se démodent avec une telle rapidité que la pauvrette *n'a rien à se mettre*. Voilà pourquoi elle court les rues dans le simple appareil d'un miroir. D'ailleurs, on la rencontre rarement ainsi, tandis que, tous les quatre ou cinq ans, sort de chez quelque éditeur une Vérité différemment accoutrée. Elle traverse le théâtre et elle s'empresse : ce sont de fausses Vérités, semble-t-il, des Vérités pour tel ou tel, des Vérités de carnaval, travesties, celles-ci en poissardes ou en tricoteuses, celles-là en dames du grand monde et en dévotes de qualité, mais qui affirmera que, entre les fausses Vérités, la vraie ne se soit pas glissée et qu'elle n'ait point, à un

1. Conférence prononcée à la *Société des Conférences*, le 22 janvier 1909.

moment, laissé quelque confession qui puisse servir à la Justice ?

Voici le point d'histoire qui fut le plus souvent exploité par la mauvaise foi des partis. Tout fut mis en œuvre avec une persistance qui n'était certes point désintéressée, pour obscurcir et controuver les rapports de ces deux hommes qui, les derniers sans doute, ont exercé parallèlement, à la face de l'Europe, dans la forme antique, les plus hautes magistratures qu'ait imagées notre civilisation latine. On a raconté tant de sottises ; ces sottises ont été si habilement propagées, elles sont si solidement établies que Dieu ni personne ne saurait en avoir raison, et qu'il faut, pour s'y attaquer, être la proie d'une sorte de délire de Vérité, qui par bonheur est rare : car les gens qui en sont atteints passent pour aussi dangereux que chiens ayant la rage et leur passion n'est intéressée qu'à leur rapporter plaies et bosses. Mais à démontrer les mensonges et les légendes, à en découvrir l'origine et à en suivre le développement, il y a vraiment trop de plaisir.

Je prends entre cent cet exemple : En 1814, un pamphlétaire royaliste — faut-il dire royaliste ? — un pamphlétaire, exploitant la chute de Napoléon, fait imprimer chez Tiger, *Au Pilier littéraire*, sur du papier à chandelle, avec des têtes de clou, un tout petit livre — *l'Anti-Napoléon*. Là, pour la première fois à ma connaissance, apparaît l'anecdote : Napoléon voulant contraindre, en 1813, le pape Pie VII à signer le Concordat, usant tantôt de la prière et tantôt de la menace et Pie VII ne répondant à chaque fois qu'un mot : *Commediante, Tragediante*. Évidemment l'histoire, ci-devant, avait été mise en circulation et elle avait eu du succès. On l'avait accompagnée et agrémentée de toutes sortes de circonstances et dépendances : il y avait que Napoléon a donné au Pape des soufflets, d'autres disent des coups de poing, mais, où l'on est d'accord, c'est qu'il l'a traîné par les cheveux, ce qui fut à coup sûr un prodige, car le Pape était chauve, mais l'on ne saura jamais jusqu'où mène la tyrannie! Imprimer l'histoire telle quelle, on n'eut garde, elle eût trouvé des incrédules, mais un mot qui fait pointe, qui amuse, qui paraît peindre, cela passe — et cela reste.

Il y avait alors des gens d'esprit qui s'amusaient à résumer avec des *mots* les situations politiques ; ils en préparaient sur commande, ou ils en inventaient après coup. Ce jeu n'eût point réussi avec Napoléon qui faisait ses mots lui-même, mais, alors, on en avait ouvert boutique et, en même temps qu'on en fournissait Monsieur, comte d'Artois, on en prêtait à un chacun pourvu que ce fût contre Buonaparte. Et ce mot-ci n'était pas mal frappé. Il entraînait sa petite anecdote ; il fournissait des développements plus ou moins brefs selon l'éloquence et l'inspiration. Il avait une saveur d'exotisme faite pour plaire. M. Beugnot eût pu le signer ou S. A. le prince de Bénévent.

Aussi fit-il fortune : il eut sa place marquée dans *l'Écho des Salons de Paris depuis la Restauration* et dans quantité de recueils de cette nature où l'on n'a garde de l'aller chercher. Ce fut là que le ramassa, en 1836, M. le comte Alfred de Vigny lequel, on ne comprend guère pourquoi, en fit, sous le titre : *le Dialogue inconnu*, le cinquième chapitre du livre troisième de *Servitude et Grandeur militaire* : cela figura dans *la Vie et la Mort du Capitaine Renaud ou la Canne de jonc*. Seulement M. de Vigny transporta la scène en 1804, où elle est absurde ; il fit conter par un page de fantaisie une histoire aussi fantastique. Rien n'en devint vraisemblable, ni le lieu, ni la date, ni le décor, ni le narrateur, ni les formes, moins encore les discours, mais ce *Commediante-Tragediante*, ainsi enchâssé dans un texte de roman historique, parut d'un romantisme admirable. Il n'y avait que vingt et un ans de la chute de l'Empereur ; la majorité des êtres vivants, pensants et lisant avaient, comme Hugo, « vu passer Napoléon » ; ses secrétaires, ses aides de camp, ses pages, sa maison entière, tous ceux qui avaient assisté à la construction de l'Empire, vivaient, pouvaient démentir par écrit ou parole, et cela sans risque. « César n'était-il pas remonté au rang des dieux ? » Or le roman a paru, il a eu grand succès, on en a fait quatre éditions et pas des éditions pour rire ; nul n'a protesté, nul ne s'est inscrit en faux. L'auteur est élu à l'Académie ; pas un des serviteurs de Napoléon ne dénonce l'odieux du mensonge. Enfin, M. de Vigny est reçu. Ah! alors, la conscience publique trouve un vengeur; mais c'est fâcheusement M. Molé qui, s'il fut, sous l'Empire, directeur des Ponts et Chaussées et grand juge, fut pair de France dès 1815 et ministre de Louis XVIII dès 1817. On est en 1846, il fait bon se souvenir du captif de Sainte-Hélène; et M. Molé dit alors à M. de Vigny : « Je défierais, je vous le jure, quiconque aurait approché l'Empereur, fût-ce son plus mortel ennemi, de ne pas éprouver un peu de ce que j'ai ressenti en lisant cette scène, cette prétendue conversation à Fontainebleau entre lui et le vénérable Pie VII ». Sainte-Beuve, généralisant, devait écrire : « Rien de ce qui est histoire n'y est exact ». Mais qu'importe ce que disent M. Molé et M. Sainte-Beuve; qu'importe le démenti tombé de si haut, en ce jour de réception à l'Académie, qui, « pour tant de causes », fit événement; qu'importent les articles, si éloquents soient-ils et si exacts, le roman demeure, il est émouvant, il est dramatique; il a, à des pages, d'admirables qualités de style et de pensée, il frappe l'imagination, et, n'était qu'il est un roman, comme a dit M. Molé, il serait excellent — mais il est un roman. Les éditions s'en multiplient. Il y en a eu huit avant 1865, et des éditions à trois ou quatre mille exemplaires. Cela fait déjà un commencement d'autorité que prend, par ces 32.000 acheteurs, — ce qui suppose le quadruple de lecteurs pour le moins, — cette absurde et grotesque légende.

On arrive à ce moment où les partis coalisés se ruent à l'assaut du second Empire qui ne se défend qu'en leur abandonnant, lambeau à lambeau, l'autorité que la nation lui a confiée. Toute arme est devenue bonne pour un tel combat, aussi patriotique, surtout ce qu'on appelle les crimes de l'oncle. Ainsi, pour écarter les catholiques, s'évertue-t-on à démontrer que Napoléon Ier a été le persécuteur de l'Église romaine. Et durant qu'ailleurs on s'y efforce avec des prétentions historiques, un journaliste de gauche écrit tout un volume sur ce titre qu'a fourni M. le comte Alfred de Vigny : *Bonaparte, Commediante-Tragediante*. On peut juger des ingénieux développements auxquels il se livre.

Ce n'est pourtant pas à l'obscur pamphlet de M. Mario Proth que la légende a dû d'être popularisée, surtout en ce monde de primaires, révoltés contre toute tyrannie qui n'est pas la leur, dont Napoléon reste la bête noire. C'est, j'imagine, au goût d'illustrer les livres qui s'est de nos jours développé étrangement. Comme les primaires s'instruisent d'abord à regarder des images, leçons de choses, il faut penser que c'est aux livres illustrés parus depuis trente ans qu'ils ont dû la plupart de leurs notions historiques, et celle-ci en particulier. Et l'on n'a point chômé d'éditions illustrées de *Servitude et Grandeur*. Il en parut une en 1882, deux en 1885, une en 1897, une en 1898, et ce furent des peintres célèbres, ou tout le moins connus, qui en fournirent les dessins. Cela inspira à certains de mettre en tableaux ce qu'ils avaient lu et, à un même salon, ces années dernières, deux toiles considérables traduisirent aux yeux l'apostrophe désormais authentique. Ces œuvres historiques portaient en elles leur châtiment; mais, à présent qu'on a vu la scène sur deux toiles, et d'après nature; à présent que, du Salon, on l'a portée au théâtre et qu'on la joue dans la plupart des casinos; à présent qu'on s'attend à la voir cinématographiée et par là exhibée sur les tréteaux des cinq mondes, comment lutter, et par quelles preuves démontrer que rien de cela n'est vrai et que ce furent de tout autres relations qu'eurent ensemble ce Pape et cet Empereur? C'est tellement plus commode et plus simple. *Tragediante-Commediante*! cela résume tout. A la vérité, l'on a maintenant généralement renoncé aux coups de poing et au traînage par les cheveux. Mais pour *Commediante-Tragediante*, ces mots vibrent toujours dans l'air de Fontainebleau. Ils feraient un glorieux effet dans le boniment du gardien, n'était que M. d'Esparbès, conservateur du palais, y veille. Il n'y a point de place pour un tel conte dans la *Légende de l'Aigle*. Pour y suppléer, on accrochera, sans doute, l'un de ces tableaux de contre-histoire dans le salon où M. de Vigny a situé la scène.

Je n'ai point l'illusion d'arrêter dans sa course olympique cette légende qui, partie du *Pilier littéraire* de Tigor, a fourni une si belle carrière. Pourtant, voudrais-je essayer de dire ce que j'ai cru comprendre aux rapports de Pie VII et de Napoléon, et ce qui m'est resté de beaucoup de lectures et de réflexions. Point de documents ; s'il en était besoin j'en apporterais ce qu'il faut — mais ailleurs.

Il faut remonter très loin dans l'histoire pour se faire une idée de ce que représentaient, il y a un siècle, dans un cerveau latin, la Papauté et l'Empire et, cette idée grandiose et disparue, nul ne l'a exprimée comme Victor Hugo.

Il a montré dans la crypte de la cathédrale d'Aix-la-Chapelle, Carlos, infant d'Espagne, attendant le vote des électeurs impériaux et rêvant de cette Europe telle qu'elle lui apparaît en la constitution grandiose que lui donne le Saint-Empire-Romain-Germanique, l'universel empire d'Auguste, devenu, depuis Constantin, l'Empire catholique, auquel, près de l'héritier des Césars, participe, au moins pour le spirituel, le successeur de saint Pierre. Quelle puissance entre eux deux !

> Ils font et défont, l'un délie et l'autre coupe :
> L'un est la vérité, l'autre est la force. Ils ont
> Leur raison en eux-mêmes et sont parce qu'ils sont.
> Quand ils sortent, tous deux égaux, du sanctuaire,
> L'un dans sa pourpre et l'autre avec son blanc suaire,
> L'univers ébloui contemple avec terreur
> Ces deux moitiés de Dieu, le Pape et l'Empereur...

Ces vers-là résument, condensent, symbolisent une situation historique qui domine le moyen âge entier, qui, au XVIe siècle, devenue tout à fait aiguë par l'accession à l'empire du chef de la Maison d'Autriche, amène cette révolte que la France seule soutient opiniâtrement contre cette Europe d'empire, tout entière conjurée contre elle, cette révolte qui, après deux cent vingt-neuf années de guerre, aboutit, en 1748, à l'abaissement des Autrichiens, à la libération de la France et de l'Europe, — de fait à l'abolition de l'empire qui, passé aux Lorrains, devient tel qu'eux, une souveraineté patriarcale sous un empereur affectant des airs paternels et familiers, tandis que sous les Habsbourg, en qui s'étaient fondus Bourgogne, Castille, Aragon, l'orgueil des Téméraires, l'assurance des Catholiques, l'essor de rêves des Aragonais, l'empire, tenant justement pour rebelle quiconque avait échappé à sa domination, s'étendait sur le monde avec l'inflexibilité d'un dogme.

Le fait a donc disparu, mais l'idée subsiste dans tout cerveau latin. Dans le français, elle s'est cristallisée sous la forme antique de l'Empire romain, médiocrement populaire à vrai dire dans la classe qui a passé par les collèges, où chacun des professeurs semblait gagé pour exalter des républiques idéales que leur pédantisme situait à Athènes, Lacédémone ou Rome, alors qu'elles n'auraient trouvé gîte qu'en Salente ou Utopie.

La seule Rome dont nous puissions concevoir

une idée historique, c'est l'impériale; mais rien n'est plus aisé que d'imaginer une Rome qui soit républicaine, démocratique, et même sociale. On se plut à présenter celle-là aux jeunes Français et ce roman malsain emplit leur imagination de déplorables images. Que si on leur eût appris ce qu'avait été l'Empire romain, non pas en leur vantant uniquement les imaginations de quelques pamphlétaires aristocrates, mais en les instruisant sur les faits, les actes, les lois, les monuments, ils eussent, comme quelques-uns l'ont fait, constaté que cet empire, réaction contre un gouvernement oligarchique, existait de fait bien avant que de nom; qu'il régularisa et organisa légalement une dictature, seule protection qu'eût rencontrée le peuple contre la tyrannie des patriciens, et que, même en ne prenant qu'après César, il n'en dura pas moins cinq siècles (de 29 av. J.-C. à 496 ap. J.-C.). Un organisme qui résiste durant cinq cents ans à tous les efforts des patriciens, à une révolution religieuse la plus profonde qui se soit jamais produite, à cent invasions et à combien d'années de guerres civiles et politiques, n'est point tant méprisable!

Pour les Italiens, l'empire des Romains ne fut point, comme pour les Français, un prétexte d'indignations vertueuses, mais un mobile, et le plus puissant, d'émulation nationale. Pour eux, cet empire ne fut point aboli en 496. L'empire d'Orient le fit subsister et le reconstitua au moins durant le

VIIe et le VIIIe siècle. Rome cessa d'être capitale et ce fut Ravenne : qu'importe! Si, de 493 à 586, les Goths occupèrent Rome, Bélisaire les en chassa, et Bélisaire n'est-il pas un des personnages que réclame le plus justement la légende du grand empire, un de ceux qui ont le plus fortement frappé les imaginations italiennes? Rome, capitale ruinée d'un duché sans gloire, se libère. Mais c'est des empereurs, et pour se donner à ses papes, qu'elle croit plus capables de la protéger et de rétablir l'empire universel. — Cela très tard, en 730. Et pour combien de temps? Le sacre de Pépin est de 752; le deuxième sacre de 754. Même si ce ne sont là que des sacres royaux et qu'il faille abaisser jusqu'à Charlemagne, jusqu'à l'année 800, le rétablissement officiel, nominal, de l'empire, c'est tout au plus, dans le premier cas, quarante ans, dans le second, soixante. Il n'y a point abolition, puis rétablissement : il y a vacance du trône. La tradition s'est continuée sans avoir eu à se reprendre, mais, si ancienne et en même temps si diverse, elle se trouve confondre les époques, celles, aux premiers âges, où le pontificat fut uni à la souveraineté, celles où, depuis Constantin, il en fut séparé.

De Charlemagne elle s'étend jusqu'à nos temps, touchant et approchant nos jours, telle pour le religieux que pour le politique, pareille pour les aspects et pour les formes, celles-ci inobservées peut-être en fait, mais intactes en droit, grâce aux dispenses sollicitées, qui s'ajoutent, après chaque élection d'empereur, aux dispenses obtenues. Dans cet empire, le Saint-Empire-Romain-Germanique, devenu purement héréditaire, où, depuis 1438, durant trois siècles, la couronne se transmettra de mâle en mâle, par ordre de primogéniture, sans soulever la moindre opposition, douze fois la même comédie s'accomplit d'élection rituelle, et lorsque, à la treizième, une autre maison paraît se substituer à la maison de Habsbourg, ce n'est point comme électeur de Bavière, chef et représentant d'une race égale à celle qui a régné, que se présente Charles VII, mais comme Autrichien lui-même, comme héritier de la maison d'Autriche, appelé par le testament de Ferdinand Ier et époux de la fille de Joseph Ier. Le Bavarois, reprenant et réaffirmant dans l'empire le droit électif, eût pu en renouveler la puissance, y apporter un caractère nouveau; se réduisant à une querelle de famille où il s'élève contre la Pragmatique à laquelle il a lui-même adhéré, il se réduit à l'impuissance. Le Lorrain en eut donc assez facilement raison et la toile se releva pour quatre actes encore, mais des tout petits actes, où les comédiens même ne croyaient plus à leurs rôles, où le public ne prenait plus la pièce au sérieux, où, au lieu que ce fût l'empereur qui vînt à Rome, pour y recevoir la couronne, c'était le pape qui allait à Vienne, et non point même pour couronner l'empereur, pour solliciter de lui de menues faveurs.

Cela n'est plus l'empire, cela se modernise et s'embourgeoise : telle la différence du tombeau de Maximilien à Innspruck, avec son étonnant cortège d'hommes de bronze, aux bières économiques des Lorrains dans le caveau des Capucins de Vienne. Ce changement de dynastie amène bien plus qu'un changement de politique : un changement d'idéal. Tout empereur allemand, depuis Charlemagne, a eu la vision de l'Italie et le rêve de la souveraineté romaine; les Lorrains aspirent bien encore à l'Italie, mais pour la monnayer aux archiducs, bien plutôt que pour la ravir dans les serres de leur aigle impériale.

Il y a plus : si, depuis Charles-Quint, l'empereur, élu et couronné à Aix-la-Chapelle, s'est dispensé de venir, selon les rites obligés, prendre à Monza la couronne royale des Lombards, recevoir à Rome la couronne impériale, il a cru, par une requête en dispense adressée au Pape et souscrite par celui-ci, avoir satisfait aux superstitieux usages et aux coutumes désuètes. Que le titre fût beau et qu'il valût la peine d'être gardé, certes, mais pour les prétentions qu'il impliquait, qui donc de ces empereurs lorrains se fût haussé à les faire revivre? N'avaient-ils pas assez de résister à la Prusse, de mener contre des moines et des prêtres de fructueuses persécutions ou, comme revanche contre la maison de Bourbon, de mettre leurs archiduchesses sur le pied de mariage, de doubler chaque prince français d'une princesse lorraine, d'opposer à la politique des cabinets la politique des alcôves, de répondre au Pacte de Famille, entre mâles, par un pacte tout aussi familial, entre femelles, où l'Autriche reprît, par les artifices conjugaux, le rôle que, pour les intérêts bien entendus des États, la France eût dû jouer?...

Tu felix Austria nube...

Ces travaux d'approche et de blocus emportent les trônes et il arrive même qu'ils les détruisent, mais ils ne sont guère prestigieux. La gloire des Habsbourg-Lorraine n'en a point été accrue. On eût dit qu'avec Marie-Thérèse, l'empire était tombé en quenouille.

Cette immensité de gloire qui rattache sans intervalle le siècle présent à toute l'histoire, à toute l'illustration des âges, qui fait de l'empereur du Saint-Empire-Romain-Germanique régnant en 1804, le successeur, non pas seulement des Charles-Quint, des Maximilien et de tous les Habsbourg, non pas seulement des empereurs souabes, saxons et franconiens jusqu'aux descendants de Charlemagne, mais, plus haut, des empereurs de Ravenne, plus haut, de tous ceux qui furent les empereurs de Rome, plus haut, de César même et, dès lors, se perdant dans la nuit, des dictateurs, des consuls, des prêteurs et des tribuns qui préparèrent et accomplirent la Rome impériale, tout cela, cette splendeur héritée des âges, ce réservoir inépuisable d'ambition pour le présent et l'avenir, ce redoutable et merveilleux instrument qui rend accessibles tous les droits et justifiables toutes les entreprises, l'empereur François II, ne le comprenant ni ne s'en souciant, l'abdique et le supprime comme un héritage d'insupportables vieilleries. Il s'installe à frais dans un mobilier neuf, avec une enseigne qu'il dore tout exprès : c'est l'empire d'Autriche et, qu'on ne s'y trompe pas, cet empire qui pourrait être l'empire d'Orient et, se mettant en marche vers le Bosphore, établir, sans grand'peine, de l'Adriatique aux Dardanelles et des Alpes Noriques à la mer Noire, une souveraineté, où les nationalités encore confuses des provinces turques viendraient se réunir et se confondre, cet empire n'est que pour rire ; François II donne seulement de l'avancement à son archiduché, déjà mis hors du commun des duchés par le privilège, à la vérité apocryphe, de l'empereur Frédéric Ier.

Sans doute dira-t-il dans sa patente du 10 août 1804, que, s'il prend le titre d'empereur d'Autriche, ce n'est pas qu'il érige l'Autriche en empire, ni qu'il abandonne le titre d'archiduc d'Autriche, mais qu'il attache, à la plus ancienne possession de sa Maison, un titre — plutôt dignité de famille que titre — résumant l'ensemble de la monarchie autrichienne, laquelle comprend plusieurs royaumes et États. De cette ingénieuse façon de couvrir la retraite, l'honneur tout entier revient à la chancellerie. L'empereur n'y est pour rien. Il n'entend point disputer, les armes en main, la dignité d'empereur de l'Empire-Romain-Germanique; il ne la revendiquera jamais, même à l'heure du triomphe, mais il n'entend point, lui personnellement, déchoir d'un titre impérial. Dès qu'il aperçoit que l'Empire-Romain-Germanique a été blessé à mort par le recès de Ratisbonne, il double son titre d'empereur allemand du titre d'empereur d'Autriche qui lui servira de rechange. Il s'intitule encore, dans la déclaration du 1er janvier 1806, empereur des Romains et d'Autriche. Mais le 16 avril 1806, il est l'empereur François II, roi de Hongrie, de Bohême et, le 6 août, il abdique définitivement la couronne impériale d'Allemagne.

Pourvu qu'il demeure dans ses états héréditaires, — il n'en a plus d'autres, — la Sacrée-Majesté-Impériale, le reste lui importe peu. Le droit de posséder l'Italie, — même l'eût-il momentanément perdue, — le droit de régner en Allemagne, — en fût-il chassé, — le droit d'être, dans le monde, l'empereur, le seul empereur, l'empereur romain, il l'abandonne et non parce qu'il ne peut pas le défendre, mais parce que, lui, Lorrain, sans race ni éducation latines, ne sait ce que c'est, n'y attache pas d'importance.

Si lui n'y regarde point, d'autres y regardent et avant tout Napoléon Bonaparte. Car, chez Napoléon, la formation latine, la formation italienne, est traditionnelle et ancestrale; même s'il n'est point exact que les Bonaparte descendent des Carolingiens et que leur généalogie remonte à un vingt-huitième ancêtre, Tedice, vivant au IXe siècle, pourtant faut-il admettre qu'ils furent, à partir du XIIe, où on les trouve à Florence, mêlés aux querelles gibelines ; c'est comme gibelins que, en 1268, Guillaume Buonaparte et ses fils, déjà émigrés à Sarzane, sont, par la Seigneurie de Florence, déclarés rebelles et exilés à jamais de son territoire.

Les Gibelins, on le sait, ce sont les Impériaux. Pourquoi Gibelins ? Cela mènerait loin. Il y a une vingtaine d'explications de l'origine de ces mots : Gibelins et Guelfes. On a dit que *Guelfe* vient du cri de guerre de l'armée du duc de Bavière, *Welf*, dont le nom en latin se lisait *Guelfus*; *Gibelin* du cri de guerre de l'armée de Conrad de Hohenstaufen, empereur élu, lequel était seigneur de *Weiblingen*, ou dont le fils Henri avait été élevé à *Weiblingen* et avait conservé pour ce village une grande passion : d'où, l'armée, pour le flatter, avait crié : « Hier *Weiblingen* », d'où les Italiens auraient fait *Ghibellini*.

Cette version la plus répandue vaut ce qu'elle vaut : pas grand'chose. On peut s'en rassasier en consultant Biondo, Sigonius, Cuspidien, Krants, Paul-Emile Sponde et Mainbourg qui en ont disserté; mais on n'en saura, ni plus ni moins, pourquoi ces noms à propos desquels on s'est massacré en Italie durant deux siècles.

On ne sait point d'où ils viennent, mais on sait ce qu'on en fit. Les Gibelins sont les partisans de l'empereur, les adversaires de la suprématie pontificale; on a dit les serviteurs de l'Allemagne — oui, si l'on admet que l'empereur soit l'Allemagne; mais il n'est point l'Allemagne; il n'est pas un Allemand; il est l'Empereur. Il est la force, et la force, ainsi requise, recherchée, sollicitée, pour qu'elle conjure et ordonne l'Anarchie; mais il est aussi le Droit, dès que, des électeurs impériaux, il a reçu le Royaume des Romains, et du Souverain Pontife l'Empire.

Tout ce qui est détails disparaît et la figure vue à distance se simplifie. Ce ne sont point les érudits qui dressent aux portiques des siècles ces statues synthétiques en qui tout un grand morceau d'histoire se résume. Il est des popularités légendaires où les écrivains n'eurent que faire et qui, des souvenirs et des imaginations des petites gens, débordent les littératures. Tel Barberousse. Il est l'Empereur, comme Charlemagne a été l'Empereur, comme Frédéric II sera l'Empereur. Lorsque le conflit s'élève entre l'Empereur, souverain temporel, et le Pape, non pas ici souverain spirituel, mais prétendant à des principautés, même à un empire universel, à une théocratie qui organisera, comme le prêche Gérohus, la paix mondiale, les deux figures, face à face, s'équilibrent, elles ne se nuisent point; Grégoire VII, Innocent III, Grégoire IX se réconcilient avec leurs adversaires impériaux pour prendre, devant les nations, une taille démesurée; et, bien que ce soit pour les guerres qu'ils se font que leurs noms se trouvent constamment unis, ils n'en sont pas moins si souvent associés que la postérité est disposée à égaler dans son admiration, non les personnalités qu'elle ignore, mais les entités, personnifiées en des êtres légendaires dont elle perçoit l'orientation.

Rien de plus difficile à coup sûr, de plus délicat que de rechercher en Napoléon cette influence des idées ataviques, d'en relever çà et là des vestiges qui peuvent être fallacieux et de tirer de si peu des conclusions. Certes, sur la part des souvenirs carolingiens, nul doute ; elle s'atteste par toute une suite d'actes qui ne peuvent point être contestés, et un témoignage, tout à fait inespéré et certain, a permis récemment d'en faire remonter l'origine, comme je l'avais pressenti, à des poèmes italiens du cycle de Charlemagne dont le jeune Napoléon avait, durant son enfance, fait son bréviaire. Mais, sur l'autre point : la persistance chez le Corse des idées que tant d'Italiens du XVIIIe siècle ne semblent déjà plus connaître, bien peu de chose. Que, toutefois, ce soit là, en Italie, le courant des idées, je le crois fermement, et ce n'est point parce que, depuis 1769, la Corse fut conquise par la France, que les Corses se trouvent moins orientés vers l'Italie, que les Bonaparte, en particulier, recherchent moins leurs parents de San Miniato, essaient moins de recruter des protecteurs à Rome, à Florence, à Gênes, et de tirer d'eux des avantages. Il y a plus : l'Italien, émigré en Corse parce que Gibelin, et proscrit comme tel, reste au point du départ; y reste d'autant plus que, sauf les querelles et les ambitions locales, le renouvellement des idées générales est nul. Un amassement se produit, une concrétion s'opère ; les idées gagnent en profondeur ce qu'elles perdent en étendue. Transmises par la tradition orale et développées par elle, glorifiées et sanctifiées comme ayant produit la grandeur et la ruine de la famille, agrémentées d'accessoires légendes qui changent les chaumières perdues en palais et en citadelles et la médiocre condition des ancêtres en tragiques et sublimes destinés, elles s'incrustent au fond des êtres, y créent une puissance qui restera passive, sauf des circonstances inattendues, qui s'épanouira en une incomparable activité, si des événements favorables lui donnent cours.

Voilà, je crois, le point essentiel : ne vous étonnez point si j'y insiste ; il me paraît expliquer les caractères non seulement de Napoléon, mais de ses sœurs et de ses frères ; il faut assurément, pour les comprendre, admettre, chez eux tous, ce que j'appellerai une réserve d'énergie impériale prodigieuse, en même temps qu'une prédisposition princière surprenante : et ces deux éléments ne peuvent provenir — à moins de parties encore inexpliquées — que de l'atavisme latin, développé par les théories gibelines, *recuit*, si je puis dire, en Corse, durant trois siècles, par dix générations.

Prédispositions ataviques, formations familiales, résultats d'expériences, les idées chez Napoléon ont des origines, pour l'ordinaire, très proches et très discernables. J'ai dit ailleurs sur quels motifs je m'étais fondé pour affirmer que Napoléon était croyant ; je n'y reviendrai point. J'estime que toutes les paroles qu'on invoquerait dans un sens ou l'autre ne serviraient de rien et que les actes relevés sans interruption, des actes formels qui non seulement engagent mais compromettent, sont de bien autres et meilleures preuves, et ces faits, je les ai formulés et affirmés. Contestée par certains, cette thèse a été acceptée par la plupart, mais si, par là, un côté de la politique religieuse de Bonaparte se trouve éclairci, d'autres réclament une explication ; il en est une que fournit immédiatement l'examen des conditions familiales où Napoléon se trouve placé.

Personnellement impratiquant, doutant peut-être, sans approfondir, mais non pas incrédule, Napoléon tient à rétablir la religion catholique ; il restituera à ses ministres une existence légale et une subsistance suffisante, mais il se refusera d'une façon absolue à tolérer des congrégations d'hommes et surtout, comme il dit cent fois, des moines. Pourquoi ? Par un fait d'atavisme et d'éducation.

En Corse, l'influence religieuse est partagée entre les séculiers et les réguliers, ceux-ci bien plus près du peuple, plus influents, peut-être plus patriotes, en tous cas plus exclusifs ; ceux-là peut-être un peu plus instruits, mais bien plus rapprochés, et tout naturellement, des Italiens, car les cinq évêques de la Corse, dont quatre de villes ruinées (Aleria, Sagona, Mariana et Nebbio, résidant dès lors sans fonctions dans des villes vivantes) sont suffragants de Pise et de Gênes et très souvent Génois — même après la conquête française. Paoli les a chassés, a naturellement favorisé les moines, dont était son frère, a introduit contre les évêques des lois spoliatrices, mais n'a point — ce semble, car tout cela est encore fort confus — changé la direction d'idées des séculiers, surtout des prêtres urbains, attachés par quelque dignité aux évêques ou reliés à l'organisme compliqué des églises principales.

Or, sans parler de la branche d'Italie dont un membre, le chanoine Philippe Buonaparte, fut en 1796, à San Miniato, l'hôte de Napoléon et sollicita de lui qu'il s'occupât, toute affaire cessante, de la canonisation de leur ancêtre commun, le vénérable Bonaventure Buonaparte, lequel, depuis sa béatification, attendait vainement que la générosité de ses arrière-neveux engageât son procès céleste, on rencontre, chez les Bonaparte résidant en Corse, plusieurs séculiers, pas un régulier. Le premier séculier, c'est le septisaïeul de Napoléon, Gabriel, qui, après son veuvage, entra dans les ordres, à Gênes, en 1577, et qui, par les Génois, fut nommé archiprêtre d'Ajaccio; le dernier, c'est le grand-oncle de Napoléon, Lucien, né en 1718, mort, en 1791, archidiacre d'Ajaccio et prévôt du chapitre. Du côté des Ramolino, l'oncle de Mme Bonaparte, don François-Marie Ramolino (1725-1803), est curé-archiprêtre d'Ajaccio; et son frère utérin, Joseph Fesch, l'oncle de Napoléon, succède comme archidiacre à Lucien Bonaparte. Du côté des Arrighi, cousins très proches, deux prêtres au moins, à la génération de Napoléon; ailleurs pareillement; uniquement des séculiers. Qui connaît l'hostilité déclarée alors, surtout en Corse, du séculier au régulier, peut imaginer dans quel esprit le jeune Napoléon Bonaparte a été dirigé par ses grands-oncles Ramolino et Bonaparte et par son oncle Fesch.

A Brienne l'éducation qu'il reçut chez les Minimes ne fut point pour le convertir; il avait gardé, « des vices et des scandales qui régnaient parmi les moines », a-t-il dit plus tard au Conseil d'État, le plus fâcheux souvenir. Il combla de ses bontés chacun de ses anciens maîtres, individuellement, jamais il ne se prêta à rétablir les monastères supprimés. Ce qui acheva de former son opinion, ce fut la lutte qu'il engagea en 1791 et 1792 contre les moines d'Ajaccio et où les prêtres assermentés tels que Fesch et Coti jouèrent le principal rôle. En 1793, enfin, ce furent les moines qui contribuèrent le plus à le chasser d'Ajaccio. Soit qu'il pensât, comme il le dit à diverses reprises, que les moines, formant la milice du Pape et ne reconnaissant d'autre souverain que lui, étaient plus à craindre pour les gouvernements que le clergé séculier; soit qu'il estimât, comme il dit ailleurs, que le curé fût destiné à rendre d'éminents services au gouvernement et à la population, étant à la fois administrateur des secours spirituels, juge de paix bénévole, professeur d'agriculture et officier de santé, son choix était fait, et partout il le signifie, même alors qu'il reconnaîtrait l'utilité de tolérer quelques couvents, tels des couvents de trappistes ne faisant que des vœux annuels, même lorsqu'il englobe dans l'Université les frères ignorantins, ou qu'il pense à confier l'instruction secondaire à une congrégation laïque dont il serait le fondateur. S'il condamne les moines, il favorise grandement les nonnes, mais il les veut hospitalières et institutrices, le moins possible contemplatives. Il n'est point assez ennemi de la nation pour se priver d'auxiliaires aussi précieux et, après avoir comblé les religieuses de ses faveurs, il est disposé, dit-il, à leur en faire de nouvelles et de plus grandes, « si les différents chefs des maisons secondent de tous leurs efforts et de tout leur zèle le vœu de son cœur pour le soulagement des pauvres ».

Ainsi se présente-t-il dès le moment où on peut le connaître jusqu'à celui où il commence à exercer une action directe sur les hommes, depuis les temps où, en 1786, il résume, en un morceau si intéressant et si précieux, ses théories sur le rôle du clergé dans l'État, jusqu'au temps où, en 1796, il se fait en Italie le protecteur des prêtres français proscrits en France, où il contracte des relations avec un certain nombre d'évêques, d'archevêques, de cardinaux italiens et avec le Pape même ; car, au milieu de tant de documents qu'on publie, on a omis jusqu'ici de mettre au jour la correspondance du pape Pie VI avec le général Bonaparte ; l'on s'est assez peu soucié de raisonner sur les conditions dans lesquelles il plut à celui-ci d'épargner celui-là, et, sans tenir compte des instructions reçues du gouvernement, de laisser subsister l'État pontifical.

Il n'y eut point là de miracle ; Bonaparte ne fut point, tel qu'un envahisseur barbare, arrêté aux approches de Rome par le discours d'un apôtre ou les incantations d'une vierge ; il s'arrêta parce qu'il voulut s'arrêter, parce que, seul contre tous ceux qui gouvernaient alors, il avait le sens historique, en même temps que politique et religieux : certes, les prétextes, même les raisons ne manquaient pas pour détruire la puissance temporelle, enlever le Pape et même piller Rome. Outre les anciennes : la participation de la Papauté à la Coalition que Pie VI avait, plus que souverain au monde, contribué à former, le meurtre de Bassville, le sac de l'Académie de France, il y avait les nouvelles, bien autrement graves : un armistice avait été conclu en juin 1796, à Bologne, entre le général se portant fort pour la France et le gouvernement pontifical, moyennant certaines conditions qu'alors celui-ci trouvait douces tant il était empressé d'échapper à l'invasion. Parmi ces conditions qu'avait dictées Bonaparte, il en était pourtant de rudes : l'occupation des Légations, une contribution de guerre triple, en argent, en denrées, en objets d'art; mais, s'agissant de querelles temporelles, Bonaparte n'avait eu garde d'introduire, dans un tel instrument, quoi que ce fût qui empiétât sur le spirituel.

Le Directoire n'eut pas la même discrétion et, traitant de la paix territoriale, il s'avisa de parler dogme et d'imposer sa discipline. Car il n'est tels pour régénérer une religion et en remanier les lois que les hommes qui n'y croient ni ne la pratiquent et qui s'efforcent à la détruire. Le gouvernement directorial ne manqua point à cette règle et par là, rendit la négociation singulièrement difficile. En même temps, le Pape s'était remis à espérer dans les Autrichiens. Il y avait eu, contre l'armée de Bonaparte, l'entrée en lice de Wurmser, mais ç'avait été une fausse joie ; il y avait à présent l'approche d'Alvinzi ; le secrétaire d'État, convaincu de son prochain triomphe, aspirait à toutes forces à signer l'alliance avec l'empereur et délaissait la négociation encore ouverte à Florence avec les Français. Impossible de se tromper aux lettres saisies, aux proclamations répandues, aux préparatifs militaires ; cela au moment même où le prestige s'étant dissipé devant la face victorieuse de la Gorgone, il n'y avait plus d'armée d'Alvinzi, où Mantoue venait de capituler, où Bonaparte était sans conteste le maître de l'Italie du Nord.

Il fallut bien répondre à l'attaque, mais Bonaparte, s'il recevait cette lettre : « Le Directoire vous invite à faire tout ce qui vous paraîtra possible, sans rallumer le flambleau du fanatisme, pour détruire le gouvernement papal », n'en tenait qu'un compte sommaire, et sans interrompre sa marche, il autorisait le cardinal Mattei à porter à Rome un salutaire avertissement ; il s'arrêtait dès que le Pape manifestait le désir de négocier et, par la paix de Tolentino, il épargnait, à tout risque pour lui, Rome, la Papauté et, tout le moins, la souveraineté spirituelle. Pas plus que lors de l'armistice de Bologne, il n'admettait que, dans un tel acte, l'on agitât ou qu'on imposât des contributions doctrinales. Cela était pour lui de respect et de convenance et jamais, même aux jours où l'enivrement de sa puissance parut le plus grand ; jamais, même aux jours où il sembla abuser de sa force vis-à-vis d'un vieillard désarmé ; jamais il n'agita, ne proposa, ne tenta d'imposer au Pape quoi que ce fût de dogme, de doctrine ou de discipline.

Dans cette campagne si rapidement terminée par la dispersion des troupes pontificales, le général en chef Bonaparte, allant de Bologne à Faenza, par San'Antonio et Imola, s'arrêta à Imola et il logea, le 14 pluviôse an V (2 février 1796), dans le palais de l'évêque, un certain Chiaramonte, petit-cousin de Pie VI, qui, de moine barnabite, avait été fait abbate, évêque de Tivoli, puis d'Imola, enfin cardinal. Jeune, cinquante-cinq ans. Dans Imola même, un combat venait d'être livré, dont, le 15, Bonaparte rend compte au Directoire : « La division du général Victor, écrit-il, a couché le 13 à Imola, la première ville de l'État papal. L'armée de Sa Sainteté avait coupé les ponts et s'était retranchée, avec le plus grand soin, sur la rivière du Senio qu'elle avait bordée de canons. » Le général Lannes, commandant l'avant-garde, aperçoit les ennemis et donne l'ordre aux éclaireurs de la Légion lombarde d'attaquer les Papistes. « Cette Légion qui voit le feu pour la première fois s'est couverte de gloire; elle a enlevé quatorze pièces de canon sous le feu de trois ou quatre mille hommes retranchés. Pendant que le feu durait, plusieurs prêtres, un crucifix à la main, prêchaient les malheureuses troupes. Nous avons pris à l'ennemi quatorze pièces de canon, huit drapeaux, mille prisonniers et tué quatre à cinq cents hommes. Nous avons eu quarante hommes tués ou blessés. »

La résistance que l'armée française avait de même éprouvée à Faenza et qui, là comme à Imola, avait été en partie dirigée par les prêtres, décide Bonaparte à faire venir chez lui tous les moines, tous les prêtres. « Je les ai, écrit-il, rappelés aux principes de l'Évangile et j'ai employé toute l'influence que peuvent avoir la raison et la nécessité pour les engager à se bien conduire. »

Ainsi a-t-il fait la connaissance du cardinal Chiaramonte. Il eût pu mettre à sac Imola. Il ne le fit point, ne pouvant « se résoudre, a-t-il dit, à punir aussi sévèrement une ville pour le crime de quelques prêtres »; il eût pu prendre des otages, à commencer par l'évêque; il eût pu frapper la ville d'une contribution; — rien de cela; il loge très simplement chez le cardinal-évêque qui lui fait bon accueil et qui, quelques mois plus tard, lorsque Imola, suivant le sort des Légations, fut annexée à la République cisalpine, annonça par un mandement — qu'on appelle une homélie — aux fidèles de son diocèse que la religion catholique était fort compatible avec la forme démocratique et que rien ne s'opposait à ce qu'ils fussent d'excellents Cisalpins — eux qui, tout à l'heure, avaient le bonheur d'être les sujets du Souverain Pontife. « Avec moi, mes chers frères, leur disait-il, humiliez-vous et baissez respectueusement les regards devant les incrustables desseins de la Provideece; que la religion catholique soit l'objet le plus cher de votre cœur, de votre piété, de vos affections. Ne croyez pas qu'elle choque la forme du gouvernement démocratique. En y vivant unis à votre divin Sauveur, vous pourrez concevoir une juste espérance de votre salut éternel; vous pourrez, en opérant votre bonheur temporel et celui de vos frères, opérer la gloire de la République et des autorités qui la régissent. »

On trouverait difficilement dans cette homélie un courant guelfe, bien plutôt est-il gibelin; avec d'autres mots, Bonaparte exprimerait des idées assez analogues. Si les formes diffèrent, comme l'éducation, comme le but suprême, n'est-ce pas qu'il peut sembler que Bonaparte, ci-devant de Sarzane, pense presque comme Chiaramonte, actuellement de Césène — Chiaramonte dont le trisaïeul était médecin à Césène et le bisaïeul illustre à Césène par ses ouvrages d'histoire, de philosophie et de mathématiques, comme ailleurs des Buonaparte se trouvaient illustrés en leur petite ville pour leurs vertus sacerdotales ou pour un livre tel que le *Récit historique de tout ce qui advint jour par jour dans le sac de Rome*, qu'écrivit Jacopo Buonaparte, gentilhomme de San Miniato. Origine et atavisme pareils, qui rendront entre les deux hommes l'accrochage tout simple.

Et, trois années après cette rencontre, ces deux hommes, qui sont de semblable formation, qui pensent de même sur les choses principales et que le hasard de leurs destinées a mis en présence dans un jour tragique où l'un a sauvé l'autre, ces deux hommes sont, l'un le Premier Consul de la République française, l'autre le Souverain Pontife de l'Église catholique — l'un élu par sa nation, l'autre élu par ses frères les cardinaux. Jamais plus étrange rencontre et qu'on dirait providentielle : aussi bien, ceux qui ont mené l'élection du Pape savaient ce qu'ils faisaient.

Dès lors, de Chiaramonte, qui a pris le nom de Pie VII, à Bonaparte, l'échange des bons propos est immédiat. Bonaparte, qui vient de rentrer en Italie par la porte du Saint-Bernard et qui frappe sa victoire en *marenghi*, cette admirable monnaie d'or qui, à travers les âges, attestera la radieuse journée du 14 juin; Bonaparte qu'attend la présidence de la République Cisalpine, en attendant l'Italique, annonce publiquement son dessein par cette allocution fameuse aux curés de Milan, qui est un manifeste à la façon dont il les aime. « Quand je pourrai m'aboucher avec le nouveau pape, j'espère que j'aurai le bonheur de lever les obstacles qui pourraient s'opposer à l'entière réconciliation de la France avec le chef de l'Église ». Mais le chef de l'Église n'a point l'air d'entendre. Qu'est-ce donc? Que, durant toute la durée du gouvernement de Bonaparte, à chaque fois que le Pape et l'Empereur agissant en leur liberté, dans la plénitude de leur droit et de leur conviction, ont traité tête-à-tête, ils se sont entendus; ils ont résolu de bonne foi les problèmes les plus graves; ils ont écarté les difficultés oiseuses et les prétentions importunes; ils ont été l'un et l'autre, l'un en face de l'autre, cet empereur et ce pape pareils à ceux des anciens âges, figures colossales, représentatives des entités confuses dont s'est emplie l'imagination des peuples, mais il a fallu qu'on leur permît de s'aboucher.

Je sais — On alléguera les disputes, les querelles, les prisons de Savone et de Fontainebleau. Quelles prisons plus étroites, pour Pie VII, celles de Napoléon ou celles du Sacré Collège? Qui lui imposa plus durement ses volontés, de l'Empereur des Français ou de son propre secrétaire d'État? Il faudrait beaucoup de temps pour démontrer par des faits ce que j'avance : mais il convient au moins de poser ici, pour la première fois, une telle affirmation. S'il se trouve des contradicteurs de bonne foi, je leur répondrai : pourvu qu'ils apportent des arguments historiques, et que tout témoignage qu'ils invoqueront de Pie VII ait été rendu librement par lui et recueilli par des auditeurs sérieux[1].

Par deux fois, Napoléon et Pie VII se sont trouvés traiter ensemble des questions qui avaient fait difficulté entre les deux gouvernements. D'abord ce fut en décembre 1804, lorsque le Pape vint à

1. Malgré le retentissement qu'eut cette conférence, reproduite en totalité ou en partie, dans toutes les langues, par une immense quantité de journaux, aucune contradiction ne m'est jusqu'ici parvenue qui eût un caractère de sérieux où je dusse m'arrêter. J'ai par contre reçu d'Ecclésiastiques notoires une approbation qui m'a fort touché.

Paris pour couronner et sacrer l'Empereur : Que l'initiative de la proposition émanât du cardinal Caprara, que le Pape eût été disposé de lui-même à faire le voyage, qu'il eût refusé nettement de subordonner la grâce spirituelle qu'il allait conférer à des avantages temporels, ainsi que le demandait la plus grande partie du Sacré-Collège ; qu'il se fût lui-même rendu plus facile que tous ses conseillers sur les conditions qu'il exigeait pour être invité, reçu, accueilli et pour accomplir la cérémonie, nul ne peut à présent le contester ; lorsque, invité par une lettre qui différait totalement de celle convenue, pressé d'une façon incivile dans son voyage qu'avait attristé la mort d'un de ses compagnons, reçu assez piètrement à son arrivée — bien qu'il n'y ait eu rien des offenses préméditées qu'on a racontées — il se trouva débattre lui seul, avec Napoléon, les conditions dans lesquelles la grande cérémonie allait s'accomplir, qu'arriva-t-il ? C'est que, s'il céda sur les points d'étiquette qui n'engageaient pas la doctrine, il l'emporta sur tous ceux où sa conscience le rendait justement inflexible. Quelle étonnante victoire que d'avoir imposé à Napoléon d'épouser la femme à laquelle il était seulement uni par un contrat civil, alors que depuis sept ans il se refusait à y donner la consécration religieuse ? Quel échec à l'Empereur que le constant refus d'assister au serment constitutionnel, parce que la liberté des cultes s'y trouvait comprise ? Certes, de son côté, le Pape a fait bien des concessions ; au pontifical romain qui devait être uniquement employé et que Fesch avait solennellement accepté au nom de Napoléon, il a admis des amendements qui en changeaient la plupart des rites et des paroles, qui substituaient au cérémonial de Rome une *olla podrida* où, à côté de prières et de rites accommodés tout exprès, on trouvait des parties rémoises, romaines, d'autres peut-être germaniques, compilées et mises au point, grâce à la collaboration du grand maître des Cérémonies, M. de Ségur, du maître des cérémonies du clergé, l'abbé de Pradt et, vraisemblablement, du ministre des Relations extérieures, M. de Talleyrand : singulier trio pour une Congrégation des rites. Sans doute, Pie VII n'a pu admettre de bon cœur toutes ces infractions à l'engagement solennellement pris par Fesch ; sans doute, sur l'article de la communion publique, il a résisté jusqu'au dernier moment, et il n'a cédé que devant les scrupules de conscience que Napoléon alléguait et qui, bien plus authentiquement que toute déclaration, témoignent qu'il était croyant, ou pour mieux dire qu'il n'était pas délibérément incrédule. En effet, que, par respect humain, Napoléon refusât de participer au sacrement, cela n'eût point été digne de lui ; mais qu'il s'abstînt pour ne point commettre un sacrilège, c'est qu'il croyait que l'acte de communier l'engageait, l'obligeait, était un sacrement, donc institué par un Dieu qu'il reconnaissait.

En cela, tout cela, certes, infiniment de concessions de la part du Pape, mais valent-elles celles qu'a faites Napoléon? D'un côté ni de l'autre, on ne se garde rancune. Le Pape ne ménage point les remerciements à l'Empereur, et celui-ci s'acquitte, plus que libéralement, de tout ce qu'il a promis en faveur de l'Église de France. Il achève de réconcilier avec Rome les derniers évêques constitutionnels sur qui il étend son autorité; par une suite de décrets, d'avis en Conseil d'État, de règlements d'administration pris et rendus depuis le 3 nivôse an XIII (24 décembre 1804) jusqu'au 30 septembre 1807 il améliore le sort du clergé dans des conditions qui ne peuvent laisser aucun doute sur sa sollicitude ni sur sa bonne foi. A ceux qui contesteraient l'une ou l'autre, j'opposerais quinze actes souverains qui s'appliquent à l'Empire entier, mille à douze cents actes qui concernent des cas particuliers. Je n'ignore point comme il fut aisé de les passer sous silence ou de nier leur efficacité, mais, ici comme ailleurs, je me tiens prêt à faire la preuve de ce que j'avance, et par là à confondre ceux qui sciemment et volontairement, prêtres ou laïcs, ont dissimulé, truqué et controuvé la vérité.

Donc, entre Pie VII et Napoléon, entente complète, marquée, de la part du Pape, après qu'il a quitté l'Empereur, par un bref en date de Parme, par un autre en date de Rome, par l'allocution solennelle en consistoire secret. Mais, dès que Pie VII est rentré à Rome, retombé aux mains de Consalvi, les choses changent. La querelle est engagée par Consalvi même, elle s'aigrit, elle s'envenime; on se charge d'y greffer toutes sortes de griefs nouveaux ; à la veille d'Austerlitz, sur des faux bruits de défaite française, on présente, à propos d'Ancône, presque un ultimatum. Et pourtant, même alors, tout serait réparable ; en même temps que pour marier Eugène, n'est-ce point dans l'espoir d'une ouverture de la part du Pape que Napoléon s'arrête si longtemps à Munich ? Qu'attend Pie VII pour proposer le couronnement dans Saint-Pierre, le couronnement réservé à l'empereur du Saint-Empire-Romain, à l'Empereur d'Occident? C'est ce désir qui résulte des lettres de Napoléon au cardinal Fesch, mais Consalvi n'a garde d'entendre ce qu'elles disent.

La guerre s'engage donc, et si Napoléon envahit les États du Pape, les Pontificaux en Italie, en France, en Allemagne, en Pologne, en Espagne, font campagne contre l'Empereur avec les armes spirituelles, non seulement l'excommunication lancée contre le souverain et ses ministres, mais la suspension de la vie religieuse, le refus des bulles aux évêques nommés: une nouvelle et différente querelle des Investitures : du religieux on a vite passé au civil, et, par le travail sur les réfractaires, on tente, sur les divers points du territoire, de nouvelles Vendées. Ici, on rentre d'une façon frappante, dans la bataille guelfe et gibeline et rien ne saurait être plus curieux que de suivre, chez l'Empereur et chez les Pontificaux, le mouvement et l'application moderne des discordes ancestrales.

Il y a l'enlèvement, — l'escalade du Quirinal — il y a ce triste voyage avec l'inutile pointe en France qui, elle seule, montre assez ici, pour le moins, l'excès de zèle des subalternes, qui, comme Murat, en attendent des avantages ou comme Elisa cherchent à en esquiver les ennuis; il y a Savone; il y a le concile de 1811, il y a les rêves que Napoléon forme alors, ces rêves dont il croit toucher de la main la réalisation : l'Europe ne formant plus qu'un empire, le Pape établi avec sa cour à Paris, le globe entier recevant avec la foi la loi française et, par l'esprit et par la force, l'universelle monarchie.

Il se réveille à Smorgoni le 5 décembre. — Pendant qu'il suivait en Russie sa fallacieuse fortune, son empire tremblait : c'était la conspiration Malet. Désormais, c'est fini des rêves. Il accourt et, dès le premier jour, il entend liquider toutes les querelles avec le Pape, se réconcilier avec lui. Pourquoi? — Pour assurer sur la tête de son fils cette couronne qu'il sent vaciller sur la sienne. Pour cela, il cédera tout, tout, même ce qu'il a le plus âprement disputé, même Rome et la souveraineté temporelle. Il arrive à Fontainebleau, va droit au Pape : est-ce le tyran qui prétend arracher à sa victime le secret de ses trésors, le tourmenteur qui contraint le prisonnier à signer sur le chevalet, l'acte de son déniement. — Point! Ce sont deux amis qui se retrouvent et s'embrassent. Par un étrange bonheur, le témoignage a été conservé de l'huissier qui a assisté à cette rencontre. Il se nomme Dunod. Ce n'est point le page imaginaire de M. Alfred de Vigny, c'est un témoin en chair et en os. Ni contrainte, ni tromperie; de Napoléon comme de Pie VII, bonne foi entière, sincère désir d'en finir — de Napoléon, cette passion paternelle qui le fait passer sur tout. Et le Concordat est signé.

Mais cela ne fait point l'affaire des cardinaux romains. Ils forment, eux, en face du Pape qui est parti d'assez bas et ne tient à rien, le sénat oligarchique recruté dans l'aristocratie des Etats Romains et de l'Italie entière, avec qui, d'Angleterre, d'Autriche, d'Allemagne, de Russie, d'Italie, de France, les oligarques correspondent et conspirent. Ce qu'ils veulent unanimement, c'est abattre l'Homme du peuple, et tandis que Pie VII, demeuré tel que lorsque, évêque d'Imola, il appelait ses diocésains à la République, conclut sincèrement la paix religieuse, les cardinaux, pensant que, de cette paix, l'ennemi public peut recevoir un secours, forcent le Pape à la révoquer — et par cette lettre si attristée, si profondément humiliée, cette lettre où ces ultramontains obligent un pape qu'ailleurs ils disent infaillible de confesser qu'il a failli lourdement! En vérité d'où vient la contrainte, de Napoléon lorsque Pie VII signe le

Concordat ou des cardinaux, lorsque Pie VII révoque sa signature?

Au moins, ces deux hommes, on ne parviendra point à les rendre ennemis ni à leur inspirer de haine l'un contre l'autre.

Ce que Pie VII, en dépit de l'Europe entière, de son ministre, du Sacré College, témoigna de généreuses bontés aux Bonaparte, dont seul il fit respecter l'asile; ce qu'il déploya de courage en s'instituant leur protecteur, je le dirai quelque jour à la gloire de son nom, à la honte de ces princes qui, durant quatorze années s'étant rendus les courtisans et les valets de l'Empereur, se fussent empressés à s'offrir pour être ses bourreaux — n'était que les Anglais s'en étaient par traité assuré le monopole.

A l'heure où les oligarques s'acharnent sur le captif, à l'heure où ils le resserrent dans sa geôle et tirent sur sa tête la pierre de l'*in pace*, une voix, une seule, s'élève dans le monde : celle de Pie VII. Il écrit à son redoutable secrétaire d'État :

« La famille de l'Empereur Napoléon nous a fait connaître, par le moyen du cardinal Fesch, que le climat de Sainte-Hélène est mortifère et que le pauvre exilé dépérit à vue d'œil. Nous avons appris une telle nouvelle avec une peine infinie et vous la partagerez avec nous sans aucun doute parce que nous devons tous les deux nous rappeler que, après Dieu, c'est à lui principalement qu'est dû le rétablissement de la religion dans le grand royaume de France. La pieuse et courageuse initiative de 1801 nous a fait oublier et pardonner depuis longtemps ses torts subséquents. Savone et Fontainebleau ne sont que des erreurs de l'esprit ou des égarements de l'ambition humaine. Le Concordat fut un acte chrétiennement et héroïquement sauveur. »

Et il dit : « Ce serait dans notre cœur une joie sans pareille que d'avoir contribué à diminuer les tortures de Napoléon. Il ne peut plus être un danger pour quelqu'un; nous désirerions qu'il ne fût un remords pour personne. »

Et lorsque trois années plus tard, la mort ayant fait son œuvre et délivré le prisonnier, Pie VII appliqua à cette âme le bénéfice de ses prières, au moins, durant le sacrifice, il put lever vers son Dieu des mains que le sang du vaincu n'avait point à jamais souillées.

LE TABLEAU DU COURONNEMENT[1]

Au Louvre, dans la salle des Sept Cheminées, sous un jour médiocre et rare, se trouvent présentés, en un ordre qui n'est point pour les faire valoir, les chefs-d'œuvre de l'École Napoléonienne ; aux Flamands, aux Hollandais, aux Italiens, aux Anglais, fussent-ils apocryphes, aux Allemands, fussent-ils Suisses, on s'ingénie à dispenser l'espace et la lumière. On attribue à tel ou tel sa salle ou ses salles et l'on ne trouve jamais que pour eux on ait assez fait : Mais des Français, des Français qui s'avisaient de dessiner et de peindre, qui, dans une époque de tyrannie, laquelle, comme chacun sait, déshonore l'histoire de France, avaient l'audace d'être de grands peintres, les plus grands et, dirai-je, les seuls grands du siècle écoulé, des Français qui se sont avisés, non pas seulement de peindre sur les ordres de Napoléon-le-Grand, et de recevoir son argent, mais de lui prêter quelque

1. Conférence prononcée à la *Société des Conférences*, le 12 février 1909.

chose de plus que leur talent, leur dévouement dans la mauvaise fortune, ces Français-là, c'est bien assez qu'on n'exile point *tous* leurs tableaux dans les greniers et qu'on permette encore que, par le spectacle qu'offrent certains d'entre eux, la conscience républicaine se trouve outragée.

Il y a mieux : certain de ces tableaux était jadis noblement exposé en un des palais nationaux : il y occupait, dans une salle tout exprès décorée, un panneau disposé pour le recevoir : Ainsi avait-il la place qui convenait et paraissait-il dans un milieu qui le faisait valoir : au bas, quelques bustes de marbre, entre les fenêtres quelques portraits, en face un pendant du même maître, sur la quatrième paroi, une bataille de même style peinte par un artiste contemporain. Cela formait un ensemble qui impressionnait les visiteurs, les transportait d'un bond dans l'histoire, les inclinait devant le Héros et les rendait ses sujets. Débouchant de l'escalier de marbre, les braves gens de campagne et les petits soldats en garnison, qui usaient leur dimanche sur les parquets cirés, arrêtaient à la porte leurs conversations et leurs rires : Ici, ils savaient où ils étaient, ce qu'ils allaient voir, et, s'ils ne connaissaient point par les détails l'histoire de Napoléon, ils avaient de l'homme une sensation bien autrement frappante et juste que celle qu'on est accoutumé d'entendre raconter dans certains milieux de bourgeois aristocrates. Ce n'est pas à dire que tous l'aimassent, mais à tous le respect s'imposait. Ils avaient compris qu'ils entraient dans un Temple — un Temple consacré à ces deux divinités qui semblent surannées aux gens d'à-présent : la Patrie et l'Honneur.

C'est aujourd'hui seulement qu'on enseigne à détester les victoires de la Nation quand elle avait Napoléon pour la conduire, et les insultes au drapeau ne comptent point dès qu'il est porté par Bonaparte. Mais si, il y a vingt ans, on n'avouait pas encore la doctrine, on l'appliquait. Cette salle devenait déplaisante et oiseuse ; ce plafond de Callet où, par une allégorie, le dix-huit Brumaire est divinisé, ces voussures en camaïeu qui représentent les Déesses protectrices de l'Empire, ces dessus de porte que Gérard avait peints pour la salle des Sept Cheminées — au temps où le Louvre devait servir d'habitation aux souverains de passage — et qui symbolisent les vertus impériales, cette décoration où Fontaine a déployé toute la noblesse solide et lourde du style qui a fait sa renommée, ces bustes de marbre, ces tableaux, ces vases de Sèvres où sont peints des batailles et des trophées, tout cela ne devait plus être appliqué à la gloire de Napoléon. On enleva donc le plus beau des tableaux qui garnissaient cette salle; et on le remplaça par une toile de même dimension représentant *Le Centenaire des États généraux célébré par le Président Carnot à Versailles.* On y voit une foule ameutée, qui, à coup sûr, n'a rien dans sa tenue d'aristocratique, ni de monarchique, brandissant des chapeaux melons, des cannes et des mouchoirs, grimpant sur des chaises, poussant des hurlements admiratifs devant ce spectacle impressionnant : l'*inauguration de la restauration du bassin de Latone*. Et voilà par quoi, dans l'imagination des hommes du XXe siècle, on compte remplacer l'apothéose du héros qui, au début du XIXe, apportait à la France quelque chose peut-être d'un peu plus reluisant que le redorage d'une fontaine.

Et alors, au Louvre, on a noyé au milieu des peintures ce tableau arraché de son cadre. Ce n'est plus l'Histoire qu'il célèbre, ce n'est plus un fait d'histoire qu'il retrace et qu'il consacre ; cette histoire-là, elle est rayée des manuels, elle est décrétée de lèse-république, et il n'est loisible de l'écrire que pour la rendre odieuse; mais on tolère l'Art, vous savez le grand Art, celui qui n'a point de patrie et encore moins de patriotisme et, pour l'amour de l'Art, on laisse une place à ce tableau; une place près du *Déluge*, tant mieux s'il s'y noie. Au-dessus, au-dessous, à droite, à gauche, tableaux sur tableaux, et encore, et toujours, des portraits, des paysages, des tableaux de genre, des études à peine faites, même des dessins ; des toiles qui sont de l'École, d'autres antérieures, d'autres postérieures, pleinement romantiques, d'autres qui n'ont pas cinquante ans de date. Ce n'est plus une salle de musée, c'est un wagon du Métropolitain où l'on empile les voyageurs comme un bétail.

Ce qu'il faut, c'est que le public n'apprenne point par une indiscrétion coupable que, entre toutes les époques où, en France, une École d'art se forma, grandit et porta des fruits, l'époque de Napoléon fut la plus grande ; que Napoléon, par l'action directe qu'il exerça sur les artistes de son temps, par les sujets qu'il leur commanda, par les tableaux qu'il récompensa et qu'il acheta, fut l'initiateur du mouvement moderniste, auquel la peinture contemporaine doit le peu d'honneur qu'elle s'est acquis; que enfin, si, au lieu de disperser aux quatre coins d'un musée, dans des salles qui au Salon s'appelleraient des dépotoirs, les œuvres d'un même peintre, on se préoccupait de les réunir et de les grouper, de présenter les disciples près du maître, les artistes d'une même époque dans leur succession naturelle, on apprendrait que, sous la main et l'inspiration de Napoléon, un style est né dans toutes les formes où s'exerce l'activité humaine pour créer des œuvres d'art, un style où si profondément il a mis son empreinte que partout ce style l'accompagne et l'entoure, formant partout à sa marmoréenne figure, antique, impériale et digne d'un dieu, le seul cadre qui lui soit adéquat et qu'elle ne brise point. Il y a, entre lui et l'art de son temps, une communion et un pacte, comme entre la Nation et lui ; mais ici le pacte, volontairement juré, est, en même temps que le résultat des impressions confuses de la multitude, celui des raisonnements formellement exprimés et des volontaires renoncements ; là, au début du moins, le concours des êtres est inconscient, la formule se dégage d'elle-même, sans effort, partout ensemble ; comme on voit, au même matin, sous la même rosée, aux premiers rayons du soleil bienfaisant, éclore et s'ouvrir ensemble toutes les fleurs d'un parterre, des plus superbes aux plus humbles.

Laissez faire. Un jour viendra où, contraints par l'opinion unanime de l'Europe, les directeurs de musée devront s'incliner. S'il a pu sembler à des heures que la gloire de Napoléon subissait des éclipses, c'était pour qu'elle apparût ensuite plus éclatante et plus formelle. La haine a plus fait pour elle que l'amour, le dénigrement que l'apologie, et, à chaque mensongère attaque que l'on essaie contre elle, vient s'opposer le témoignage qui confond le faussaire. Ainsi sera-t-il, par la grâce de Dieu, pour l'Ecole Napoléonienne des peintres et des sculpteurs qu'on a entrepris de nous cacher.

De tous ces artistes le plus grand, celui qui fut le chef de l'École, et qui demeure le plus illustre des peintres français — au moins du XIXe siècle — J.-L. David fut, à coup sûr, le plus vivement influencé par Napoléon, de même qu'il fut celui que Napoléon apprécia davantage. Napoléon voulut faire pour David ce que nul souverain, nul restaurateur des arts n'a fait pour aucun artiste, ce qu'à présent les directeurs de musée ayant tous les moyens de l'exécuter, n'ont garde de tenter pour un tel Français; il prétendit réunir l'œuvre entier de David, racheter tous ses tableaux, les exposer dans une galerie expressément décorée « *La Galerie de David* », et il ne fut arrêté dans ce dessein que parce que M. de Courbeton, beau-frère et héritier de M. de Trudaine, refusa de lui céder *la Mort de Socrate* qu'il avait recueillie de l'héritage de l'ami d'André Chénier.

Ce n'est point le lieu de tenter ni même d'esquisser une biographie du chef de l'École française. Il est Français au moins celui-là, il est Parisien et de vieille race; il est né dans une des maisons qu'on prit soin de démolir — car elles étaient pittoresques et charmantes — du quai de la Mégisserie. Il a empli ses yeux d'enfant du noble spectacle du Palais avec ses tours à poivrières et de la ligne cabossée des maisons qui, du Palais, s'étendaient sur le quai de l'Horloge, coupées par les rues tout étroites de Jérusalem et de Harlay. Il s'est amusé aux perspectives joyeuses du Pont-Neuf où s'agitaient, comme aux siècles précédents, les rôtisseurs, les saltimbanques, les marchands d'orviétan et les tondeurs de chiens; sur l'eau, tandis que passaient les pigeons argentés en de longs vols, il s'est extasié aux tours de roues du bâteau broyeur de couleurs, amarré là, au bas du quai, dont les palettes aux tons vifs, tout le jour, remuaient leur gaîté sonore. Jean-Louis David, fils et petit-fils de marchands merciers, bourgeois de Paris, né à Paris, élevé à Paris, dont Paris conserve et disperse les œuvres-maîtresses, sans leur accorder les honneurs qu'on y décerne à Rubens ou à Rembrandt ; ce grand David n'a pas même dans un carrefour de son Paris une statue, un buste ou un médaillon. Tout au plus, lui a-t-on fait récemment l'aumône d'une des cent dix niches à célébrité qui trouent la façade de l'Hôtel de Ville. On a trouvé du bronze ou du marbre pour Meissonier, pour Delacroix, pour Charlet, pour Raffet, pour Barye, pour Alphonse de Neuville ; on en trouve pour Vélasquez, peintre sévillan, auquel le gouvernement de la République, tel la Sérénissime à Bartolomeo Colleoni ou au Gattamelata, dédia une effigie équestre dans le jardin de l'Infante — sans doute par un scrupule de couleur locale ; oui, l'on trouve du bronze assez pour décerner à Don Diego-Rodriguez de Silva y Vélasquez les honneurs par qui les générations d'autrefois consacrèrent la gloire de Charlemagne, de Jeanne d'Arc, de Louis XIII et de Louis XIV — et que de ce temps on n'attribua dans Paris qu'à ce peintre Vélasquez, à l'Anglais Washington, sans doute en souvenir de Jumonville et au général des niais, M. le marquis de Lafayette, parce qu'il déserta à l'ennemi, — mais on n'en trouve point ce qu'il faut pour couler un buste à Jean-Louis David.

Certes, je n'ai garde de réclamer pour lui ce qu'on a généreusement octroyé à Velasquez ; la statue équestre de ce peintre doit rester unique, comme un monument à souhait de la bouffonnerie contemporaine. Je n'ai même nulle intention de réclamer quoi que ce soit pour David. Qu'avait-il à faire de naître à Paris ? Dans n'importe quelle ville, villasse, bourg, village ou hameau, il aurait eu son square, son monument, un ou deux boulevards ; à Paris, — pas même, en banlieue — on lui a fait hier l'aumône — et c'est à la Muette — d'une ruelle neuve de vingt-cinq maisons. Ah ! Parisien, on t'apprendra ! Et comme si ce n'était pas assez qu'il fût né à Paris, ne s'est-il pas avisé d'y faire ses études, d'y grandir, de s'y illustrer, d'y vivre toutes ses joies et tout son labeur. Et de ce Paris, comme si ce devait lui être un titre devant les gens d'à présent, ne fut-il pas, aux jours de la Révolution, l'élu à la plus redoutable des assemblées politiques ? Ne s'y est-il pas montré le plus implacable adversaire de la Royauté ? N'a-t-il pas voté la mort de Louis XVI ? Ne fut-il pas le premier organisateur du culte laïque et l'ordonnateur des Pompes nationales ? N'a-t-il point immortalisé de ses pinceaux Marat et Lepelletier ? N'a-t-il pas été, jusques et y compris Thermidor, un des plus fermes soutiens du bloc, un des seuls membres non suspects de faiblesse du Comité de Sûreté Générale ? C'en serait assez pour qu'on lui dédiât dix avenues et vingt monuments, s'il avait bu la ciguë avec Robespierre — mais voici le crime : il s'est épris de Bonaparte dès que Bonaparte est entré en scène, il s'est attaché à sa gloire, il s'est trouvé heureux de reproduire ses traits, il s'est paré du titre de son premier peintre et, aux jours néfastes, il lui est resté inébranlablement fidèle, quitte à mourir lui aussi dans l'exil et, mort, n'avoir pas même un tombeau dans la Patrie. — Quoi ! chante Béranger,

Proscrit-on aussi sa mémoire ?
Quoi ! vous repoussez son cercueil
Et vous héritez de sa gloire !

Les Royautés et les Républiques s'entendent dès qu'il s'agit de proscrire ce conventionnel suspect d'admirer Bonaparte. La tare est indélébile. En ce temps où le plus médiocre peintre d'enseignes est sculpté en marbre ou fondu en bronze, David n'a ni tombeau, ni rue, ni statue. Seulement il a la gloire.

Où s'étaient-ils rencontrés d'abord, celui qui devait être le modèle et celui qui allait être le peintre ? Je crois bien, pour la première fois, à la séance publique de l'Institut qui fut tenue le quintidi 15 nivôse an VI de la République une et indivisible, soit le jeudi 4 janvier 1798 de l'ère chrétienne. C'était la deuxième fois, depuis sa création par la Convention expirante que l'Institut tenait sa séance solennelle. La première fois, ç'avait été le 15 germinal an IV (4 avril 96) et Bonaparte depuis trois semaines environ était parti pour l'armée d'Italie. En l'an V, comme on sait, point de séance publique, le Directoire ayant remplacé cette fête de l'Intelligence par la proscription de quatre des membres les plus illustres de l'Institut : Carnot, Pastoret, Sicard et Fontanes. On se rattrapait en l'an VI.

La séance commençant à cinq heures très précises du soir s'annonçait comme devant occuper la soirée, la nuit entière. Il devait y avoir quatre rapports par les quatre secrétaires perpétuels sur les Mémoires lus dans chacune des classes et quatre comptes rendus des travaux ; puis, lectures par les citoyens Langlès, Fourcroy, Toulongeon, Dolomieu ; rapport par le citoyen Garat sur les Mémoires traitant de : *L'influence des signes sur la formation des idées* ; enfin, récitation d'un poème par le citoyen Marie-Joseph Chénier. Chacune de ces productions ayant environ trente pages, il faut penser qu'au plus tôt l'on devrait sortir du Louvre vers les dix à onze heures — peut-être minuit ! Ah ! en ces temps-là, on savait écouter !

Jamais telle foule et si empressée ne s'était, depuis bien des années, réunie sur une place publique. Et on n'allait guillotiner personne. La cour du Louvre était pleine et, dans la Salle des Cariatides, s'écrasaient les arrivants, munis de cartes presque pareilles à celles qu'on distribue à présent. Dût la vanité des auteurs en pâtir, on était venu surtout pour un membre de la première classe, section de mécanique, lequel, ayant été élu dix jours auparavant, paraissait pour la première fois en séance publique. En séance ordinaire, il avait déjà fait un rapport — et sur les automobiles — sur la voiture mue par la vapeur inventée par le citoyen Cugnot; — mais ce n'était pas pour les automobiles qu'on était venu, le nouveau membre ne devant point en parler, mais simplement se laisser voir : or c'était le général Bonaparte, revenu à Paris juste depuis un mois, après deux ans de victoires, la conquête de l'Italie et la signature de la paix avec l'empereur.

Arrivé au Louvre avec son confrère Arnault, il se réunit aux membres de sa classe, descendit avec eux et s'assit au-devant de ces longues tables que portent des griffons, ces tables qui, dans la bibliothèque de l'Institut, font songer aux hommes qui s'y sont accoudés — quels hommes ! — Et il écouta. Ce fut long : chaque lecteur, soit au début, soit à la fin de son mémoire, lui faisait un compliment qui pour être prononcé en république était tout aussi adulateur que si l'on eût vécu en monarchie — même, dans une monarchie, eût-on ainsi parlé publiquement à un général victorieux ? Néanmoins le public n'était pas satisfait. Il trouva mieux. Ce fut lorsque Chénier eut la parole ; son poème, intitulé le *Vieillard d'Ancenis*, célébrait le général Hoche récemment mort ; mais comment ne point y parler de Bonaparte, général en chef de l'Armée d'Angleterre, appelé à venger tantôt cette expédition d'Irlande qui, merveilleusement conçue, préparée avec un admirable secret, parvenue, au milieu des tempêtes, en trompant les flottes anglaises, dans la baie de Bantry, échoua par le manque de caractère d'un subalterne. L'assistance entière s'était levée lorsque Chénier avait prononcé ce vers :

L'Angleterre pâlit au nom de l'Italique.

Mais l'enthousiasme devint inquiétant lorsqu'il s'écria en terminant :

... Si jadis un Français des rives de Neustrie
Descendit dans leurs ports précédé par l'effroi,
Vint, combattit, vainquit, fut conquérant et roi,
Quels rochers, quels remparts deviendront leur asile
Quand Neptune irrité lancera dans leur île
D'Arcole et de Lodi les terribles soldats
Tous ces jeunes héros vieux dans l'art des combats,
Le grande Nation à vaincre accoutumée
Et le grand général guidant la Grande Armée.

Durant cette séance, un sculpteur, Boizot, retiré dans un coin de la salle, prenait à son aise une série de croquis très poussés de la tête du général qu'il envisageait sous tous ses aspects; d'après quoi il devait modeler, d'abord la série des médaillons dont certains furent exécutés en biscuit à la manufacture de Sèvres, puis le premier buste qui, en France, eût été fait de Bonaparte. Cette tête, David, de sa place, l'esquissait très largement au crayon et au-dessous, il écrivait : *Le Général de la Grande Nation*. Le vers de Chénier chantait — un peu confusément, on le voit — dans sa mémoire. Mais il y était souligné par la reconnaissance :

lorsque, au début du Directoire, David, quoique amnistié, était poursuivi par l'opinion pour les actes auxquels il avait participé comme membre du Comité de Sûreté Générale et pour les mesures auxquelles l'avait entraîné la dictature jalouse qu'il avait usurpée sur les arts, le général Bonaparte, ne voyant en lui que l'artiste, lui avait fait offrir, par son aide de camp Julien, un asile à l'Armée d'Italie. Déjà, à Toulon, il avait enrégimenté Granet; à Milan, il s'était attaché Gros; qu'eût-ce été s'il avait racolé David ! Et David eût bien été tenté d'accepter, n'était qu'il lui eût fallu quitter ce Paris où on l'insultait à chaque sortie et dont il ne pouvait se détacher, — car les Parisiens sont ainsi que, dans leur ville, ils sont rivés aux pierres, aux arbres, à l'eau qui coule, à des fugitives lumières, à des tableaux dont leur façon de penser leur semble inséparable, à des paysages qui forment comme la part la meilleure de leur patrimoine. Et dans ce Paris admirable de 96, ce Paris qui n'avait point encore été livré aux désastreux embellisseurs, ce Paris qui avait à soi un vêtement, une figure, une âme que nulle ville dans le monde n'eût présentés tels, David, de son quai de la Mégisserie natal, s'était porté, sans presque changer d'horizon, au Louvre où il avait ses ateliers et, s'il ne voyait plus aussi bien le Palais, c'étaient les Quatre-Nations, la Monnaie, la pointe de l'île de la Cité et Notre-Dame,

Agenouillée dans sa robe de pierre.

Comme disait Danton : on n'emporte pas la patrie à la semelle de ses souliers. — Et Paris donc !

Il refusa. Mais, de son atelier, il suivait avec une patriotique émotion chaque pas que faisait le Héros sur la terre classique. Son imagination s'échauffait à ces récits qui, dès lors, relevaient de l'épopée et convenaient au grand style, et, désirant prendre sa part de ces triomphes en les immortalisant sur la toile, il écrivit après Lodi au général pour le prier de lui envoyer un dessin des lieux où l'action s'était produite.

Si ce n'est de ses mains, c'est de son atelier qu'est sortie cette gravure — on ne saurait dire cette caricature — produite au moment des massacres de Vérone et des interpellations des clichyens royalistes contre Bonaparte, où l'on voit un Véronais assassinant des officiers français blessés, tandis qu'à des soldats qui accourent pour les secourir, s'oppose un député, gras, gros et florissant, les poches pleines de motions, d'interpellations et de propositions de lois qui leur dit : *Laissez faire ces Messieurs, c'est autant de moins.*

On n'a point recherché les caricatures de David. Il y en a ; celles où il se borne à être peintre, c'est-à-dire à exagérer le caractère d'une figure, sont merveilleuses de justesse ; mais pour l'intention et la drôlerie, il réussit médiocrement. C'est là un côté pourtant qui doit être envisagé et, l'occasion se présentant de le révéler et d'apporter ici cette primeur, je ne saurais y résister.

Le Comité de Salut public de la Convention nationale, par un arrêté signé Carnot, Hérault, Barère, Prieur et Billaut-Varenne, invite « le député David d'employer les talents et les moyens qu'il a en son pouvoir à multiplier les gravures et les caricatures qui peuvent réveiller l'esprit public et faire sentir combien sont atroces et ridicules les ennemis de la Liberté et de la République ». Le 29 floréal an II, le citoyen David apporte deux caricatures de sa composition, « l'une représentant une armée de cruches, commandée par Georges, mené par le nez par un dindon, l'autre le gouvernement anglais sous la forme d'une figure horrible et chimérique revêtue de tous ses ornements royaux ». David remet au Comité 1.000 exemplaires — 500 en noir et 500 en couleurs — de chacune de ces planches, et reçoit en indemnité un mandat de 3.000 livres. L'armée des Cruches a pour titre définitif : *L'Armée Royal-Cruche*. Et en voici l'explication telle que la donne David :

« N° 1. George, roi d'Angleterre, commande en personne l'élite de son Armée Royal-Cruche.

« N° 2. Il est conduit par son ministre Pitt ou milord Dindon,

« N° 3, qui le tient par le nez pour lui prouver son attachement.

« L'avant-garde de la Royale-Armée (n° 4) reçoit

un échec à la porte de ville (n° 5) qui est occasionné par la colique de quelques sans-culottes placés en haut de la porte (n° 6). Fox ou milord Oie (n° 7) ferme la marche monté sur sa trompette anglaise qui sonne un rappel en arrière.

« N° 8. Artillerie anglaise qui a la vertu d'éteindre les incendies et de délayer les fortifications. »

La pièce est retrouvée. Mais oserait-on montrer à Paris, en 1909, ce qui fut officiellement dessiné, gravé, imprimé, colorié et distribué en 1793 par ordre du Comité de Salut public de la République française ?

Pour « le gouvernement anglais présenté sous la forme d'une figure horrible et chimérique », la gravure n'est point retrouvée. Il se faut donc contenter de cette savoureuse description : « Le roi se trouve au derrière du gouvernement (horrible et chimérique), lequel vomit sur son peuple une multitude d'impôts qui le foudroient. Cette prérogative est attachée au sceptre et à la couronne. »

Sans doute David avait fait d'autres caricatures; sans doute avait-il dirigé, sinon exécuté, un certain nombre des pièces anonymes parues au temps du Directoire et ayant pour objet de défendre contre ses ennemis de l'intérieur le général en chef de l'Armée d'Italie.

Personnellement, il ne le connaissait pas.

Il l'avait aperçu dans la cour du Luxembourg le jour où Bonaparte victorieux fut officiellement reçu par le Directoire ; il le vit à cette séance de l'Institut ; il put enfin causer avec lui à un dîner que donna Lagarde, secrétaire général du Directoire, et il lui demanda alors de faire son portrait. Bonaparte y consentit et promit une séance. Mais David en eût voulu beaucoup pour la composition, de neuf pieds sur sept, qu'il avait conçue, où le général devait être représenté descendu de cheval sur le plateau de Rivoli, tenant en main le traité de Campo-Formio, avec, derrière lui, des chevaux, l'état-major et quelques lignes lointaines de soldats. Dans l'unique séance qui lui fut donnée et qui dura trois heures, il fit de la tête une ébauche, qui peut sembler définitive, car, peinte d'un coup, dans l'enthousiasme et sur la nature, elle n'aurait que perdu à être reprise. Or, ce qui en fait la curiosité, c'est que, dans ce portrait, pourtant de premier jet, David, d'ordinaire si curieusement réaliste dans ses portraits, s'est ici écarté de la vérité pour tendre à une idéalisation du modèle ; et cette idéalisation est à ce point dans le caractère, et elle s'impose si justement à la main du maître que, avec les modifications qu'exigera l'embonpoint survenant, elle se retrouvera dans tous les portraits, et ils sont nombreux, que, de 1800 à 1814, David exécutera — je n'oserais dire d'après Napoléon, mais en pensant à Napoléon.

Malgré que David, alléguant son âge et dissimulant la raison véritable : que le Parisien se trouve trop bien dans sa ville pour la quitter, eût refusé de le suivre en Égypte, Bonaparte, au lendemain du jour où, par l'heureuse coopération de l'armée et de la majorité des conseils de gouvernement, il fut appelé, sur l'expression hautement manifestée de la volonté nationale, à présider aux destinées de la nation, consacra, par une éclatante faveur, l'admiration qu'il avait pour David ; il l'autorisa à exposer, dans une des salles les mieux éclairées du palais du Louvre, le tableau des *Sabines* que le maître venait de terminer. On payait à l'entrée 1 fr. 80 et David, s'étant insurgé contre le droit des pauvres, en fut déchargé ; en échange, il s'astreignit à donner un dîner aux élèves de son atelier chaque fois que la recette atteindrait 24.000 francs. On sait par là ce que rapporta l'exposition, car, trois fois il paya le dîner : la recette avait dépassé 72.000 francs et valait au peintre une ferme en Beauce.

Pourtant à Bonaparte, pas plus qu'à qui que ce fût, David ne reconnaissait le droit de critique. Bonaparte avait eu l'audace de trouver que Romains et Sabins se battaient sur la toile d'une façon harmonieuse sans doute, mais médiocrement réelle, qu'ils manquaient de chaleur et de mouvement : « Voilà comment on se bat », avait-il dit en simulant une attaque à la baïonnette. « Les généraux n'entendent rien à la peinture », s'écria David dès que le Consul eut tourné le dos.

L'admiration que Bonaparte professait pour David eût pu lui valoir une exception. On a dit que cette admiration avait été poussée si loin qu'il eût pensé à le faire sénateur ou conseiller d'État. Sénateur peut-être, encore cela est-il bien douteux, mais ce n'était point lui qui nommait alors les sénateurs, et, malgré que David fût régicide, il eût difficilement trouvé grâce devant ses trois anciens collègues de la Convention, Sieyès, Roger-Ducos et Cambacérès, qui n'avaient point eu précisément à se louer de lui ni du Comité de Sûreté générale. Quant au Conseil d'État, l'assertion est au moins hasardée. Bonaparte n'eût pu trouver « ni juste ni utile » — et c'étaient là ses uniques mobiles — de braver l'opinion en rouvrant à David une carrière politique où il avait fait preuve d'incapacité, de faiblesse et de violence, où, n'eût été l'admiration unanime qu'emportait son talent, il eût mérité le même sort que ses anciens collègues. Mais s'il n'avait nulle idée de l'employer ainsi, — et l'on n'a pas même rapporté un commencement de preuve qu'il ait eu une telle intention, — il pensa que, pour les arts, David lui serait un utile auxiliaire et que, en même temps qu'il apporterait au gouvernement la parure de son génie, il en recevrait la sécurité. Il prit un arrêté le 18 pluviôse an VIII (7 février 1800) nommant le citoyen David peintre du gouvernement. Ainsi Corvisart devait-il plus tard en être le médecin. Le ministre de l'Intérieur, Lucien Bonaparte, était chargé de proposer les attributions de cette place. Que se passa-t-il entre David, qui avait exercé ci-devant la dictature des arts et qui, quatre années plus tard, devait y aspirer de nouveau, et Lucien qui ne paraissait point disposé à abandonner les prérogatives de son ministère ? Cela n'est point difficile à deviner.

Après vingt-deux jours de réflexion, le 10 ventôse, David répondit à l'arrêté du 18 pluviôse en annonçant qu'aussitôt la réception de cet arrêté, il s'était transporté chez le ministre de l'Intérieur pour le prier de ne point s'occuper du règlement des attributions et de recevoir « sa démission d'une place qui ne paraîtrait devoir être profitable qu'à lui seul et nullement à l'art et aux artistes, objets uniques de sa sollicitude ». Cela signifie fort suffisamment, pour la postérité mieux instruite, que David ne voulut point du titre sans les pleins pouvoirs pour régenter l'art et surtout les artistes. Il n'en continua pas moins à être consulté : c'est de lui, entre autres, les projets présentés par Lucien de la transformation de l'église des Invalides en temple de Mars, de l'érection des colonnes départementales et de la colonne nationale.

On l'employa à bien mieux en lui proposant des chefs-d'œuvre : ainsi, le Premier Consul, au retour de Marengo, lui demanda de le peindre « calme sur un cheval fougueux » ; il ne voulait pas un portrait, mais un tableau qui résumât, synthétisât sa physionomie, en conservant les traits caractéristiques et en donnant une impression héroïque. Rien, comme on voit, ne pouvait entrer mieux dans la manière de David, qui, dès 1796, avait instinctivement appliqué cette théorie : elle se trouvait affirmée et justifiée par Bonaparte. Peu lui importe que les peintres ou les sculpteurs qui retraceront son image la fassent ressemblante à la nature. Il a regardé le buste et la médaille d'Alexandre ; c'est bien Alexandre tel qu'il faut que la postérité l'imagine. Qu'importe que ce soit Alexandre, tel que ses contemporains l'ont connu ? Pour que le type historique revête sa beauté et s'élève à devenir immortel, il doit se simplifier et s'anoblir, se dépouiller en quelque sorte d'humanité pour réaliser la formule quasi divine de la race dont il sort et fournir à l'anthropomorphisme dynastique son effigie souveraine.

« Personne, aujourd'hui, a dit Bonaparte, ne s'informe si les portraits des grands hommes sont ressemblants, il suffit que leur génie y vive. » C'est dans cet esprit que David a peint ce tableau apothéotique du *Bonaparte passant les Alpes* destiné aux Invalides et dont il fit, pour 72.000 francs, au moins deux répétitions : une pour Saint-Cloud, une autre pour le roi d'Espagne, Charles IV. Celle-ci fut rapportée par Joseph Bonaparte à Mortefontaine, où, en 1815, les Prussiens prirent plaisir à en crever la toile.

Si David avait refusé le titre de peintre du gouvernement, il n'en était pas moins dès lors le peintre attitré du Consul ; c'était à lui que le gouvernement de la Cisalpine demandait un tableau représentant Bonaparte rendant l'existence à la jeune république; c'était lui qui imaginait pour Bonaparte un costume qui, s'il rappelait par des côtés ces projets exécutés par ordre de la Convention qui avaient failli transformer l'habillement du citoyen français, prenait déjà quelque chose d'impérial par la somptuosité des étoffes et par la richesse des broderies; mais ce n'étaient encore là que des jeux.

Dès que Napoléon, élu empereur de la République française, fut assuré que le Pape se rendrait à Paris pour le sacrer, il fit choix de David pour exécuter le tableau qui représenterait le couronnement. Pour lui prouver sa bienveillance, il avait, dès la première promotion, attaché sur sa poitrine l'étoile de la Légion; à présent, il se confiait entièrement à lui et, sans stipuler aucun prix, le chargeait seulement de le rendre immortel.

La faveur était si grande qu'elle eût troublé un cerveau moins débile. David en fut naturellement exalté et ne manqua pas de se rendre insupportable dès son premier pas à la Cour. M. de Ségur, grand maître des Cérémonies, était accablé d'affaires; atteint au cœur par la disparition de son fils aîné, il n'était pas moins obligé de tout imaginer dans une cérémonie sans précédent, de surveiller lui seul tous les détails, puisque nul autre que lui ne s'y connaissait, de régler la marche de chaque figurant, et, sur les perpétuels changements qu'on faisait au programme, pour plus de luxe, plus de monde, plus de pompe, de le remanier de bout en bout. Il y portait, avec la grâce du grand seigneur, une fertilité d'invention qui étonne, et une patience qu'on ne saurait trop admirer, mais comment cette patience eût-elle résisté à une lettre telle que celle-ci : « Monsieur, je m'empresse de vous faire part du choix dont Sa Majesté l'Empereur m'a honoré en me chargeant d'exécuter le tableau qui doit représenter la cérémonie de son couronnement. Elle m'a promis, en outre, sur mon observation, une place d'où je puisse à mon aise et sans trouble former mes idées. Je pense, d'après cet exposé, Monsieur, qu'il conviendrait que nous visitassions ensemble les lieux, qu'en votre présence je déterminasse l'endroit où j'établirai mon point de vue et que là vous donnassiez vos ordres de m'y construire une loge. »

Une loge ! quand Ségur avait à placer la France... tous les corps de l'État, tous les préfets, les présidents de collèges électoraux, les présidents de canton, l'armée, la marine, la garde nationale et les représentants de l'Europe entière. Il ne pensa plus à cette étonnante prétention, accablé qu'il était de demandes et de réquisitions, obligé en quatre jours d'improviser, pour la Cour pontificale, un mobilier d'église tel qu'il ne s'en trouvait qu'à Rome. Il se contenta d'envoyer à David deux billets de tribune. D'où visite, explication, altercation entre le peintre et Philippe de Ségur, le fils du grand maître, et, finalement, d'assaut, David emporta une loge.

Le cas est curieux et mérite d'être regardé : certes, en frimaire an XIII, point de comparaison entre un grand officier de la Couronne, tel que M. de Ségur qui ci-devant était comte, qui fut ambassadeur en diverses cours, colonel et le reste, qui est conseiller d'État en attendant d'être sénateur, et décoré de quantité d'ordres, qui dispose de tout, régit et ordonne, est vraiment le grand maître, qui joint à tous ces titres et à toutes ces fonctions un goût de littérature, une politesse et un usage du monde qui sont réputés ; et ce peintre, Jacobin d'hier, nullement aimé, peu estimé, mal embouché et rudimentaire d'éducation. Qui des deux l'emporte ? Et comment les juge-t-on ? Mais, après un siècle, auquel donne-t-on raison et qui avait le droit d'insister pour établir *son point de vue,* quitte même à violer les règles protocolaires et à contrarier en leurs droits de séance et de préséance quelques-unes des principales autorités ? Ce qu'elles pèsent peu à présent ces principales autorités ! Une feuille de papier sur qui David a griffonné un croquis fait basculer toutes leurs cendres ensemble et les ors passés de leurs costumes rongés des mites !

Mais c'était l'an XIII et on rétablissait les *foormes*, les *fooormes* chères à Bridoison. David triompha pourtant, il eut sa loge et il vit tout ce qu'il voulait voir. Sans doute en parla-t-il, fit-il valoir ses idées sur son œuvre, car l'Empereur, sans en avoir rien pu voir, le nomma de lui-même son premier peintre.

David avait refusé d'être peintre du gouvernement, parce que, sur les attributions, il s'était trouvé en conflit avec le ministre de l'Intérieur; il accepta avec empressement le titre de premier peintre de l'Empereur, bien assuré qu'on ne lui contesterait pas à présent les droits qu'avaient exercés Poussin, Charles Lebrun et Mignard, c'est-à-dire, comme il est dit dans le brevet octroyé à Poussin, « la direction de tous les ouvrages de peintures et d'ornement que le Roi fera ci-après pour l'embellissement de ses maisons royales, voulant que tous ses autres peintres ne puissent faire aucun ouvrage pour Sa Majesté sans en avoir fait voir les dessins et reçu sur iceulx les avis et conseils dudit sieur Poussin ». De plus, il entendait bien avoir, tout comme Charles Le Brun, la « direction des Manufactures royales de meubles de la Couronne aux Gobelins », plus des autres manufactures fondées depuis lors. Ce fut ce qu'il s'empressa de réclamer par une lettre du 11 messidor : savoir la haute direction du musée Napoléon, du musée de Versailles, des manufactures des Gobelins, de Sèvres, de la Savonnerie et de Beauvais, et de l'exposition du Louvre, la surveillance des travaux commandés aux artistes, la proposition des achats, la présentation des projets — soit, en fait, la surintendance des Beaux-Arts.

Mais il y avait un directeur des musées qui avait déjà assumé, attiré ou usurpé la plupart de ces fonctions et qui n'était point homme à se laisser déposter. C'était ce mystérieux et étonnant personnage qui s'appelait Vivant Denon. — De Non, en deux mots, avant la Révolution, en un seul depuis ; jadis gentilhomme de la Chambre du Roi, secrétaire d'ambassade à Pétersbourg et à Naples, toujours croquant, gravant, écrivant et griffant ; toujours spirituel, recherché, désiré, voyant clair, parlant juste et sachant se retourner. Mais si, depuis Campo-Formio et Rastadt et la rue de la Victoire, Denon, introduit près de Joséphine, par une Mme de Krény avec laquelle il était en grande liaison, était devenu le directeur de la conscience artistique de Bonaparte et s'il se trouvait de taille à lutter avec le premier peintre, il était vis-à-vis de celui-ci en étrange posture. N'était-ce point David qui avait sauvé la vie et la fortune à Denon, rentré tardivement en France et inscrit sur la liste des émigrés ? David, invité le 25 floréal de l'an II, par un arrêté du Comité de Salut public, signé Barère, Collot d'Herbois, Prieur, Billaud-Varenne, Carnot et Robespierre, « à présenter ses vues et ses projets sur les moyens d'améliorer le costume national actuel et de l'approprier aux mœurs républicaines et au caractère de la Révolution pour en présenter les résultats à la Convention nationale et recueillir l'avis de l'opinion publique », s'était fait autoriser le 5 prairial à faire graver et colorier ses divers projets, et pour cela, il avait mis en réquisition Denon, auquel, dès le 14 prairial, avait été accordée une provision de 6.000 francs. Denon avait ainsi esquivé et traversé l'époque de la Terreur et, le 3 vendémiaire an III, il livrait 47.969 épreuves noires ou coloriées des gravures qu'il avait exécutées d'après les dessins de David et qui représentaient les costumes du législateur en fonctions, du représentant du peuple aux armées, du représentant du peuple en fonctions, du citoyen français, du citoyen français dans son intérieur et du citoyen militaire. Elle lui étaient payées à raison de 10 sols l'épreuve enluminée et de 4 sols l'épreuve en noir, ce qui lui rendait 17.936 livres 10 sols, plus sa tête, ce qui était appréciable.

Or, depuis deux mois, depuis le 15 thermidor II, David était emprisonné et, de l'Hôtel des Fermes, il allait même être transféré au Luxembourg, et on prévoyait pour lui, il prévoyait lui-même les pires destins. On ne dit point que Denon, ainsi sauvé par David, se soit à son tour remué pour lui, ce qui fût de la discrétion; mais il n'en avait pas moins été sauvé par David, ce qui, dix ans plus tard, le mettait en fâcheuse posture pour lutter contre le premier peintre; il n'eut point, cette fois, à lutter.

L'Empereur n'avait nullement entendu donner à David les pouvoirs de surintendant tels qu'en avaient joui Colbert, Colbert de Villacerf, Mansart, le duc d'Antin, Lenormand de Tournehem, Marigny, Terrai et d'Angiviller, mais lui accorder un titre qui le mît hors de pair et directement sous sa main et par lequel il le soustrayât à l'autorité des Bureaux.

C'est ainsi qu'il lui avait commandé le tableau du Couronnement et qu'il n'avait stipulé aucun prix.

Cependant David, installé depuis le 10 pluviôse an XIII dans l'église de Cluny, place de la Sorbonne, que la Couronne avait louée tout exprès pour lui servir d'atelier, songeait en même temps qu'à la place de premier peintre au tableau qu'il avait promis d'exécuter. Rien n'en était commencé et déjà il avait touché un premier acompte de 25.000 francs. Il se renseignait, cherchait sa composition, faisait exécuter certains accessoires; puis, les lignes générales arrêtées, les études de perspective faites par Degotti qui lui préparait ainsi tous ses tableaux, il s'était mis aux études et avait commencé par les portraits que l'on connaît du Pape et du cardinal Caprara; il avait ensuite exécuté d'après les divers personnages qui devaient figurer dans le tableau des études tantôt peintes, tantôt dessinées, mais toujours très poussées d'après nature. La conscience de l'artiste apparaît ici sans égale; elle ne saurait, de nos temps, trouver rien qu'on lui compare. Pour la préparation de ce seul tableau du couronnement, David a empli trois albums de dessins, qui l'emportent assurément, par le mouvement et la vie, sur les plus beaux de l'école moderne ; les dessins séparés et de dimensions plus grandes sont extrêmement nombreux ; certains de grandeur d'exécution, dans le même état que les dessins du *Serment du Jeu de Paume*, c'est-à-dire les personnages dessinés nus ; certains de même grandeur, les personnages habillés, mais par un détail de pose ou de costume, différant de l'exécution définitive. On ne saurait assez le dire : devant le papier et la toile, crayon, palette et brosses en main, cet homme est admirable ; en présence du modèle, il oublie tout ; les vulgarités de pensée, les sottises d'ambition, les jalousies, les rancunes disparaissent. En face de la nature dont il s'efforce de rendre les contours et les couleurs, il n'y a plus un homme, il y a l'artiste et qu'importe que l'homme soit petit si l'artiste est aussi grand.

Seulement David tournait volontiers tous les projets à l'immense ; il voyait ainsi ; il avait des côtés de mégalomane : un seul tableau pour le Couronnement ne pouvait lui suffire ; il en voulait quatre : le premier, le *Sacre* eût symbolisé la *Religion* ; l'Empereur, après avoir reçu du Pape les ornements impériaux, est monté à l'autel. « Il prend la couronne, écrit David, la place de la main droite sur sa tête, puis, de la gauche, il serre étroitement son épée sur son cœur. Ce grand mouvement rappelle aux spectateurs étonnés cette vérité si généralement reconnue : que celui qui a su la conquérir saura aussi la défendre. L'attitude, le geste, les regards de la foule attendrie, tout indique le sentiment d'admiration dont chacun est pénétré. L'Impératrice à genoux attend la couronne que son auguste époux va lui placer sur la tête. » Madame, mère de l'Empereur, est présente dans une tribune. Les princes, les grands dignitaires, les grands officiers remplissent les fonctions qui leur sont attribuées par le cérémonial.

Ce tableau était le seul qui, en juin 1806, fût près d'être achevé ; mais de deux des autres tableaux le sujet était arrêté et l'esquisse faite. Ainsi la *Distribution des Aigles*; David n'en donne point de description, mais il dit : « La postérité en regardant ce tableau s'écriera : Quels hommes et quel Empereur ! »

Un troisième dont on connaît plusieurs dessins eût représenté, par l'*Arrivée de l'Empereur à l'Hôtel de Ville de Paris*, le *Peuple* : « C'est, dit David, le Gouverneur de Paris qui remet les clefs de la ville entre les mains de son Empereur. »

Enfin le quatrième, la *République*, eût montré l'Empereur prêtant le serment constitutionnel — ce que mal à propos David appelait l'*Intronisation*.

En tout, c'eût été, de peinture, cent vingt pieds — ou trente-neuf mètres — sur dix-neuf pieds — ou six mètres quinze ; David eût commencé un tel travail à cinquante-sept ans et il l'eût assurément achevé en six ans comme il disait. C'est l'audace confiante de l'homme de génie : « Je me propose, disait-il, de répondre à l'attente de l'Europe ». Seulement il ajoutait, parlant de ses quatre tableaux : « Je serai satisfait avec la somme de 100.000 francs pour chacun. »

On trouva que ce serait beaucoup d'argent. Déjà sans avoir rien livré, il avait touché 65.000 francs d'acompte ; on venait d'assigner 72.000 francs pour les *Sabines* ; il y avait de plus les trois portraits du Pape, divers portraits de l'Empereur, dont un fait à la diable par un élève et nettement refusé. « C'est un portrait si mauvais, tellement rempli de défauts que je ne l'accepte point », avait écrit l'Empereur. Tout cela montait, et Denon qui eût pu être plus généreux, soit qu'il cherchât sa revanche, soit qu'il cédât uniquement au bien de la chose, protestait que c'était bien trop d'argent et que nul tableau moderne, eût-il trente pieds sur dix-neuf, ne devait être payé plus de 40.000 francs.

Dès lors, semble-t-il, on renonça à l'*Intronisation* et à l'*Arrivée à l'Hôtel de Ville* pour ne garder que le *Couronnement* et la *Distribution des Aigles*. Mais de ce *Couronnement*, le premier tableau à livrer, celui qu'il disait terminé et qui l'était en effet à bien des égards, David n'arrivait point à se tirer. Ce qui l'arrêtait, c'était la figure de l'Empereur : tout le reste allait au mieux, les groupes se balançaient ; les figures se nuançaient, les étoffes chatoyaient ; Joséphine, agenouillée en un mouvement d'une grâce infinie qu'avait posé la seconde fille du peintre, reprenait les trente ans de la légende ; les grands dignitaires perdant l'air de sergents recrutours endimanchés que certains ont dans les croquis, recevaient un aspect de noblesse imposant; les prêtres avaient de l'onction, le Pape de la majesté. — Mais, dans le dispositif tel qu'il était arrêté par le dessin définitif, l'Empereur restait comique. Cette pose, la main droite à la couronne, la gauche sur l'épée, était ridicule et emphatique. Le geste de se couronner d'une seule main, et d'une couronne de lauriers, est irréalisable, sauf par un clown. Vainement David, pour sortir de l'impasse, renonce-t-il à la couronne, allonge-t-il le geste du bras pour attester le ciel et signifier *Dieu et mon épée;* il n'arrive à rien de bon. C'est la fâcheuse littérature qui une fois de plus trahit la peinture. Et quoi faire, lorsque, de nue qu'elle est, la figure sera habillée, et habillée de vêtements rituels et obligatoires. Et David tourne, retourne sa figure et il ne trouve pas le moyen de la mettre d'aplomb. A ce moment, Gérard intervient. Il n'est point David et n'a point son génie, mais il a du goût et la visière nette, et il regarde le tableau d'un œil frais. D'ailleurs, la solution s'impose à quiconque ne s'est pas, comme David, hypnotisé depuis des mois sur cette idée littéraire saugrenue. En substituant de la part de l'Empereur un geste descendant que justifie la présence de Joséphine, au geste ascendant qui, à la vérité, symbolise le couronnement et paraît bien dans le programme, on sauve la composition, si on donne une entorse au protocole. — Tous les groupes se relient alors, les personnages isolés se rejoignent; l'action prend un centre et reçoit une signification, le tableau est fait. Cela est si vrai que, sur la toile grattée, la figure nouvelle de l'Empereur a été peinte au premier coup. Ainsi disparaissent les injonctions protocolaires; ainsi, au lieu du couronnement de Napoléon, a-t-on le couronnement de Joséphine, nullement comme on a dit pour des raisons sentimentales — uniquement parce que l'art de composer a, tout aussi bien que l'art de peindre, des lois qu'on ne saurait enfreindre impunément. En ce temps-là — comme il y a longtemps! — on apprenait à composer et on apprenait à peindre.

Lorsque, le 4 janvier 1808, l'Empereur vint en grande pompe, précédé d'une imposante escorte, accompagné de l'Impératrice, suivi du grand service de cour, visiter le peintre dans son atelier de la place de la Sorbonne et témoigner ainsi, par un geste mémorable, l'estime dans laquelle il tenait l'art de peindre, son premier mouvement fut de surprise, puis il dit: « C'est bien, David, vous avez deviné toute ma pensée, vous m'avez fait chevalier français. » Durant cinq quarts d'heure, examinant, morceau à morceau, de loin, de près, prenant son temps et ses distances, reconnaissant et nommant les personnages, il marcha devant la toile; puis, il fit deux pas en avant, il se plaça en face du maître, et levant son chapeau en le tenant par l'aile du devant, l'abaissant ensuite du geste lent et profond dont il honorait les Aigles: « David, dit-il, je vous salue. »

Le lendemain, l'Intendant général ordonnançait au nom de David une somme de 35.000 francs qui complétait les 100.000.

Et ce n'est pas cher.

Le *Couronnement*, c'est le tableau de David ; c'est la scène telle que David l'a représentée ; c'est dans une magnificence recueillie et immobilisée, le geste arrêté et souverain qui consacre le nouvel empire et le pare à la fois de grâce et de majesté. Cela ne fut point ainsi, mais cela sera toujours ainsi. Et toujours Napoléon apparaîtra tel que David l'a représenté, imposant la couronne à celle qui, pour la postérité, demeure son unique compagne, sous le geste bénissant des prêtres, sous les yeux attendris de sa mère pour qui il a marqué la première place. Même ces costumes des princes et des dignitaires qui, pour si peu, tourneraient au carnaval, s'ennoblissent sous le pinceau du maître qui découvre, sous la déformation du vice moderne, l'antique beauté de la race ; qui recule dans les temps les oripeaux contemporains et les met en harmonie avec les ornements sacerdotaux, pareils depuis dix-neuf siècles et taillés pour la suite des âges. Depuis qu'il se tient une histoire, cet acte n'a pu être rempli que par un seul homme — et c'est celui-ci : Napoléon.

Ce tableau-là a une autre portée, une autre signification que ces vains morceaux de toile sur qui on met de la couleur et dont s'emplit la banalité foraine des expositions et des musées. Il est une page détachée de l'histoire, qui immortalise le Couronnement et en fixe la légende, et qui symbolise l'Empire. David avait dit : Je me glisserai à la postérité à l'ombre de mon héros. — Il n'a point eu si grand tort : nul à présent ne pensera à le séparer de l'Empereur : il reste et il restera à jamais son premier peintre. Qu'on dresse donc à tous les carrefours, dans ce Paris, la cité natale de Jean-Louis David, les grotesques ou lamentables effigies de rapins qu'il n'eût point jugés dignes de nettoyer ses brosses, qu'on leur dédie des rues, des squares et des boulevards, qu'on érige à une telle hauteur le mensonge de leurs apothéoses qu'il provoque l'universelle risée, lui, Jean-Louis David qui n'a ni statue, ni buste, ni médaillon, ni rue, ni boulevard — rien, pas même un tombeau en terre française —, n'a pourtant rien à envier à aucun d'entre eux ; car lorsque, depuis bien des jours, les autres noms seront noyés d'oubli, le sien grandira encore dans la lumière, attaché à celui de Napoléon, comme le nom d'Apelle l'est au nom d'Alexandre.

LES

MISSIONNAIRES DE SAINTE-HÉLÈNE[1]

Raconter dans le détail ce que furent les six années de la Captivité, je n'en aurais point le temps ici — et nul n'en a les moyens. Tant que les Souvenirs du grand maréchal Bertrand et du valet de chambre Marchand demeureront inédits, une lacune se creusera dans les témoignages français et rendra impossible la critique des sources anglaises. Presque tout ce qui pouvait être déduit utilement des documents publiés l'a été par lord Roseberry. Un Anglais, le premier, a mis en lumière certaines contradictions, suspecté certaines complaisances, formulé un jugement équitable. Pour aller plus loin et faire mieux, il faut attendre.

Mais, si l'on ne doit point songer à un « Sainte-

[1] Conférence donnée, le 27 mars 1908, à la Salle de la Société de Géographie, sous les auspices de la *Société des Conférences.*

Hélène vu de Sainte-Hélène », on peut regarder Sainte-Hélène, d'ailleurs, d'Europe. Non plus alors s'efforcer de suivre les misérables querelles qui s'agitent autour du héros, ni les mesquines persécutions d'un geôlier qu'affole sa responsabilité et qui accroît, par ses maladresses, la rigueur des ordres qu'il exécute ; non plus s'essayer à dégager la marche de la maladie de consultations médicales dont pas une n'a le caractère scientifique et dont le diagnostic varie, moins selon l'ignorance des praticiens que suivant les instructions qu'ils ont reçues et les intérêts qu'ils servent ; mais chercher ce que, d'Europe, on a su de Sainte-Hélène, ce qu'on y a appris du traitement auquel était soumis le prisonnier, ce que les souverains et les peuples en ont pensé, sur quels éléments cette opinion s'est formée, quelle répercussion ont eue, sur la destinée du prisonnier, les récits et les témoignages de ceux de ses compagnons qui l'avaient quitté.

Obligé d'aller vite et de franchir en une heure ces six années, je prie que l'on me fasse crédit si j'énonce à quelque moment des faits qui étonnent, si j'allègue des états d'esprit qui surprennent. Je n'avance rien dont je ne sois prêt à fournir les preuves — et dix preuves pour une. Mais ces preuves qui sont, pour la plupart, inédites, au moins en France, seraient trop longues à présenter et elles ne sauraient trouver place que dans un livre qui ne paraîtra point avant plusieurs mois.

*
* *

A partir du moment où, cédant à des souvenirs de jeunesse, à de récentes impressions, aux assurances de ses compagnons, aux promesses ambiguës des officiers anglais, Napoléon a mis le pied sur le *Bellérophon* et qu'il a disparu avec le navire qui l'emportait, sa destinée s'est enveloppée, pour les nations d'Europe, d'ombre et de mystère. On a su qu'à cette lettre par laquelle il réclamait l'hospitalité « du plus puissant, du plus constant, du plus généreux de ses ennemis », par laquelle il annonçait qu'il venait, comme Thémistocle, s'asseoir au foyer du peuple britannique, le ministère anglais avait répondu par la déportation dans la plus lointaine et la plus malsaine de ses possessions équatoriales ; mais l'on eût ignoré jusqu'à ce drame suprême si les oligarques avaient pu contenir leurs cris de joie, si les pamphlétaires et les caricaturistes à leur solde ne s'étaient, dans leur triomphe, empressés à célébrer les horreurs de cette île déserte, dont, avec les rats qui y foisonnaient, Napoléon allait devenir le Robinson.

Puis rien. Qu'était-ce même Sainte-Hélène? A cette page où, en 1788, le lieutenant Bonaparte, étudiant, à Auxonne, la géographie élémentaire, énumérait les *Possessions des Anglais en Afrique*, la destinée avait comme arrêté sa main après qu'elle eut tracé ces quatre mots : *Sainte-Hélène, petite île*. C'était alors tout ce qu'il en savait, et, à présent, on n'était guère mieux instruit. Cet îlot était si loin, si hors du rayon d'action des Français ! Même ceux qui, allant aux Indes, contournaient l'Afrique, évitaient, depuis vingt ans, de passer en vue de cette vigie redoutable que l'Angleterre avait dressée sur l'Océan. Quelque chose de grandiose et de sacré s'ajoutait au mystère de ce nom, évoquant à la fois l'impératrice d'Orient telle qu'elle apparaît dans la splendeur des mosaïques dorées et l'Invention de la croix d'ignominie sur laquelle mourut un Dieu. Et c'était la prison choisie à présent, entre tous les lieux malsains et torrides, pour y déporter le forçat de la Sainte-Alliance. Pour le retenir, ce n'était point assez d'un état-major de geôliers, de deux bataillons d'infanterie, de cinq cents canons, d'une flotte entière : il fallait l'immensité. Ses plaintes, s'il en laissait échapper, se perdraient dans la plainte éternelle des mers, et les flots incorruptibles monteraient autour du rocher une garde plus exacte que l'armée britannique tout entière.

A présent, vers ce point inconnu de l'espace, cinq années durant, rois et sujets ont les yeux braqués, les espérances des uns, les craintes des autres y convergent. La terre a changé d'axe ; un pôle magnétique tire toutes les âmes vers Sainte-Hélène. S'Il allait apparaître ; si, comme au 1er mars 1815, on allait apprendre qu'Il est débarqué, qu'Il marche, qu'Il est là, tous les cœurs jetés au-devant de Lui, tous les peuples précipités vers Lui, le héros vengeur des libertés opprimées ! Où qu'Il poserait le pied,

Amérique espagnole ou portugaise, États-Unis, Espagne, Italie, Allemagne ou France, le sol tremblerait et Lui fournirait des soldats ! Un immense remords étreint les patriotes de toutes les nations ; ils comprennent à présent quelle a été la lutte et de quels intérêts ils ont été les jouets. Ses adversaires les plus acharnés proclament leur repentir. A Son nom seul, les peuples s'émeuvent, comme à Grenoble ; et, au nombre des têtes innocentes que tranche le bourreau, on peut mesurer la peur des maîtres. Si le bruit court de Son évasion, écoutez Chateaubriand : « Jeté au milieu des mers où le Camoëns plaça le génie des tempêtes, Buonaparte ne peut se remuer sur son rocher sans que nous ne soyons avertis de son mouvement par une secousse. Un pas de cet homme à l'autre pôle se ferait sentir à celui-ci. Si la Providence déchaînait encore son fléau, si Buonaparte était libre aux États-Unis, ses regards, attachés sur l'Océan, suffiraient pour troubler les peuples de l'ancien monde : sa seule présence sur le rivage américain de l'Atlantique forcerait l'Europe à camper sur le rivage opposé. »

Ainsi pensent les champions des trônes ; ainsi espèrent les champions des peuples. Partout on attend sa venue comme celle du Messie ou de l'Antéchrist : mais il n'est pas un homme qu'il laisse indifférent, qui ne frémisse pour lui d'un amour porté jusqu'au culte ou d'une haine poussée jusqu'à la détestation.

Quelque jour on dira la fabuleuse épopée de ces

hommes, dispersés du golfe du Mexique aux embouchures du Colorado, qui, sans argent, sans navires, sans armes, sans contact même des uns aux autres, jetés au milieu de peuples dont ils ignoraient la langue, les coutumes et l'esprit, conspirèrent pour la délivrance du prisonnier; ici, construisant une escadrille et formant avec des Français émigrés ou proscrits un bataillon sacré; là, provoquant les Brésiliens à la révolution ou s'enrôlant avec les Américains insurgés contre l'Espagne; partout, s'efforçant, avec une ténacité inventive, à créer des moyens, à combiner des plans, à imaginer des machines.

Mais si, comme il semble, certains parvinrent, au milieu d'obstacles qui paraissaient insurmontables, à faire passer quelque avis au prisonnier, même à l'aborder, à l'instruire de leurs projets et à solliciter ses ordres, rien n'en transpira, et le mystère couvre encore leurs desseins, leurs préparatifs, leurs noms même. Nul d'entre eux n'a daigné, après l'échec de ses rêves, révéler ses espoirs, et c'est là, de la part de ces courtisans de l'adversité, une des formes du sacrifice les plus impressionnantes et les plus nobles.

Partout, en Europe, l'impatience s'exaspère du mystère dont Napoléon reste enveloppé, du silence que l'on ordonne sur lui, de l'ignorance où l'on est de ce qui le touche. En France, nul journal ne peut même imprimer son nom. En Angleterre, où l'on est un peu mieux informé, on lit avec avidité les *Lettres écrites à bord du vaisseau de Sa Majesté* le Northumberland *et à Sainte-Hélène*. Guillaume Warden, chirurgien du navire, a employé la traversée à recueillir les confidences des personnes de la suite de l'Empereur qui parlaient anglais ; quant à Napoléon, il n'a pu l'aborder, moins encore lui parler ; mais l'Empereur n'ignorait point qu'il prenait des notes et il a encouragé ses compagnons, Las Cases et les Bertrand, à flatter par des *interviews*, comme on dirait à présent, la vanité d'un homme qui, ne manquant pas d'une certaine naïveté, s'est trouvé fort aise d'approcher un grand homme, et qui, par la publication de ses notes, voudra apprendre à ses concitoyens qu'il a eu cet honneur. Par là, des nouvelles filtreront et une première mise au point sera faite vis-à-vis des Anglais. Cela était bien raisonné : en moins d'une année, cinq éditions anglaises et une américaine n'épuisèrent point le succès des lettres de Warden, dont une traduction française parut à Bruxelles en 1817. A la vérité, la plupart des journaux s'indignèrent qu'un officier de Sa Gracieuse Majesté eût parlé de l'Empereur sans l'injurier et qu'il eût rapporté, sur certains points de son histoire, des versions qui lui parussent favorables ; bien que Warden eût adopté comme épigraphe *Non ego, sed Democritus dixit*, il n'échappa point à un juste châtiment et il fut rayé de la liste des chirurgiens de la Marine.

Il n'avait pourtant relaté que de très petits faits

et des observations très superficielles, des bribes de conversation, des anecdotes controuvées, des noms estropiés ; mais il fournissait un aliment à une curiosité passionnée, qui, chez beaucoup d'Anglais, s'apprêtait à tourner en sympathie depuis que Napoléon leur appartenait. Un tel trophée rehaussait leur victoire, la leur rendait plus sensible et plus glorieuse, et nul détail sur leur prisonnier ne leur devenait indifférent.

D'ailleurs, durant ces vingt ans écoulés, en même temps que l'oligarchie anglaise, poursuivant un but ennobli, sinon justifié, par l'ambition nationale, préparait, par la déchéance du héros et par l'abaissement de la France, la subordination du monde aux intérêts britanniques ; en même temps que, pour une telle lutte, coalisant à sa solde les empereurs et les rois avec les anarchistes et les révolutionnaires, elle usait sans scrupule aussi bien des canons et des baïonnettes que des poignards et des machines infernales ; en face d'elle, se perpétuait une lignée forte et glorieuse d'hommes d'État, non moins fermes en leur amour pour la patrie anglaise, mais plus scrupuleux en leurs moyens, moins exclusifs en leur doctrine, plus pénétrés d'humanité, admettant que d'autres nations eussent le droit d'exister, de grandir, de jouir de la liberté, de choisir leur gouvernement, et reconnaissant que la paix et la bonne intelligence avec elles pouvaient même profiter à l'Angleterre. Dès qu'ils en avaient eu l'occasion et le pouvoir, ils avaient tenté de réconcilier leur patrie et la France consulaire; venus sur le continent, ils avaient appris à estimer Bonaparte, sinon à l'admirer; depuis lors, ils s'étaient efforcés de pratiquer entre les deux nations une entente également honorable à l'une et à l'autre; ils s'étaient empressés à l'île d'Elbe autour de l'Empereur, et ils avaient achevé de dissiper ainsi leurs derniers préjugés. Cette admirable suite de libéraux conscients, qui, dans la Révolution, n'avaient point vu que des crimes et en Bonaparte qu'un « aventurier corse », n'était pas si dédaignable qu'ils n'eussent acquis une influence sur une partie au moins de l'opinion, et leur générosité qui, en France, s'était exercée, aux dépens même de la liberté de quelques-uns d'entre eux, en faveur des proscrits, ne leur faisait point envisager comme la conséquence du triomphe britannique la perpétuation d'un système de calomnieuses attaques contre le vaincu, d'un système de basses persécutions contre le prisonnier. L'excès des outrages devait d'ailleurs produire une réaction, et, à force d'avoir été injurié, caricaturé, vilipendé, *Little Boney* était au moment voulu pour devenir populaire.

Ce que l'opinion attendait pour se déclarer, c'était une parole de Napoléon qui fût une justification et un plaidoyer; une vue d'ensemble jetée sur sa vie qui en apprît la suite à ceux qui l'ignoraient; quelque chose comme une confession où les grands accidents de sa carrière, l'ascension et la chute de sa fortune, fussent présentés sans déclamation, dans une forme brève, personnelle et pourtant impartiale ; un précis qui exposât, rapprochât, expliquât des faits qui, à la mémoire des hommes, même contemporains, n'apparaissaient que confus, dispersés, revêtus des couleurs dont les polémiques quotidiennes et les intérêts momentanés les avaient peintes.

Justement alors une brochure parut chez le libraire Murray : *Manuscrit venu de Sainte-Hélène d'une manière inconnue*. Impossible d'en méconnaître l'auteur. « Je n'écris pas des commentaires, lisait-on à la première page ; car les événements de mon règne sont assez connus et je ne suis pas obligé d'alimenter l'opinion publique. Je donne le précis de ces événements parce que mon caractère et mes intentions peuvent être étrangement défigurés, et je tiens à paraître tel que j'ai été, aux yeux de mon fils comme aux yeux de la postérité. »

Un tel écrit répondait si bien à l'attente universelle qu'il semblait fait exprès pour la satisfaire. En quelques jours, à Londres, les éditions se succédèrent, bien que le *Manuscrit* fût en français. Nul ne mit en doute qu'il ne fût de l'Empereur. Ce fut bien mieux lorsque, grâce aux valises diplomatiques, il eut envahi l'Europe. Comme c'était une rareté, on se l'arracha. A Paris, dans les salons royalistes, chez la duchesse de Duras, et chez la duchesse d'Estissac, on en faisait avec appareil la lecture à haute voix devant des auditoires triés.

« Jamais publication de mon temps n'a fait autant d'effet, a dit Mme de Boigne. Il n'était pas permis d'élever le moindre doute sur son authenticité, et, plus on avait approché l'Empereur, plus on soutenait l'ouvrage de lui. » Tout le monde concluait à la façon de ce Russe, Fedor Golovine, qui se piquait de littérature : « *Candide* n'est pas de Voltaire, si ceci n'est pas de Buonaparte. »

La magistrature, qui est infaillible, le proclama solennellement en condamnant à la destruction le *Censeur européen* où Comte et Dunoyer avaient eu l'audace d'imprimer le *Manuscrit* à titre de document : tribunal correctionnel, Cour royale, Cour de cassation, la magistrature à tous les degrés se porta forte que la brochure était de Buonaparte et qu'elle outrageait le roi.

Des gens avisés en suspectaient bien l'authenticité, publiaient bien en réponse des articles et des brochures, mais ces critiques et ces invectives, dont le public suspectait le désintéressement, ne faisaient qu'accroître sa curiosité et sa passion pour un livre aussi violemment attaqué.

Les éditions clandestines imprimées en Belgique, et partout où l'on disposait secrètement d'une presse et de caractères, ne suffisaient point à l'émotion générale : nul livre, depuis des temps très reculés, peut-être depuis l'invention de l'imprimerie, ne fut autant de fois copié à la main. C'est par milliers qu'on en trouve des copies. Chaque semaine, à présent, on en propose à ceux qu'on sait rechercher les vieux papiers, et toujours le possesseur rapporte ou imagine des circonstances romanesques qui ont mis entre ses mains le plus précieux des documents, la vie de l'Empereur écrite par lui-même. Et de très grands savants, des historiens hors de pair y ont été pris. Traduit en toutes les langues, constamment réimprimé, au point que les éditions contemporaines ne sauraient en être comptées, publié hier encore en feuilleton dans un journal des Etats-Unis, le *Manuscrit venu de Sainte-Hélène* est devenu comme un évangile, et, ainsi qu'il convient, il est apocryphe.

Pour se distraire, durant un séjour à la campagne, un Genevois qui avait des lettres et qui avait suivi les événements de son temps, M. Lullin de Châteauvieux, s'était amusé à ce pastiche, et, pour en voir l'effet, l'avait, *d'une manière inconnue*, fait parvenir à l'éditeur Murray. Et la bombe a éclaté. Les aveux grotesques, les erreurs flagrantes, les apologies royalistes, les ironies qui veulent être fines, la méconnaissance du caractère de l'Empereur, tout disparaît, balayé, avec les chausse-trapes, par le vent d'enthousiasme qui mue ces pages mystificatrices en un livre sacré et qui, de ce corps pour la première fois donné à l'histoire éparpillée de l'Homme, fait jaillir la Légende. Cette origine qu'elle prend explique bien des altérations que la vérité a subies ; le caractère réel de l'Empereur en est resté faussé; combien de gens ne se doutent pas qu'ils suivent encore les errements de Lullin de Châteauvieux!

S'il était philosophe, ce Lullin, et s'il haïssait l'Empereur, comme il sied à un bon Genevois, qu'il a dû s'amuser ! De son ermitage aux bords du Léman, il a suivi des yeux la trajectoire de cette bombe ; il en a entendu l'explosion ; il en a recueilli les retentissements par l'Europe : enthousiasme des napoléoniens, colère des royalistes. C'est une apologie, disent les uns ; c'est un pamphlet, disent les autres ; on se querelle sur l'authenticité ; tout le monde, et Napoléon lui-même, cherche le mot de l'énigme : C'est Maret. — Non, c'est un conseiller d'Etat. — Non, c'est Mme de Staël, c'est Benjamin Constant, c'est l'abbé de Pradt, c'est Sieyès, c'est un sieur Bertrand, parent de Siméon, c'est tout le monde et ce n'est personne. Car Lullin se tient coi, il laisse dire, il n'avoue ni ne réclame, il assiste au spectacle sans mettre personne dans son secret ; il se tient à cette jouissance, autrement délicate qu'une tapageuse renommée d'un jour, de regarder la fortune que fait son libelle, l'influence qu'il exerce sur le monde, les conséquences qu'il portera dans l'avenir, d'être l'unique à savoir le pourquoi des choses, de comparer à part soi la cause à l'effet et de rire solitairement des hommes.

∴

L'atmosphère était créée, la légende était en

marche; pour que Napoléon en profitât, pour que l'opinion imposât quelque adoucissement à sa captivité, il suffisait d'une occasion : ce furent les ministres anglais qui la fournirent.

Leur prisonnier leur coûtait cher; tout, même les denrées les plus communes, étant apporté du cap de Bonne-Espérance ou d'Europe, la vie d'un Européen à Sainte-Hélène atteignait des prix qui sembleraient incroyables si les commissaires des puissances alliées ne les attestaient unanimement. Napoléon ne demandait pas mieux que de payer une partie au moins de ses dépenses, mais il se refusait à dire d'où il tirerait ses fonds; car on eût aussitôt confisqué ses capitaux. Il avait subsisté jusque-là sur des emprunts faits à Las Cases et à Bertrand — à celui-ci surtout qui avait placé sa fortune presque entière en Angleterre; puis, sur la vente d'une portion de son argenterie brisée; mais ces moyens s'usaient, et, d'ailleurs, le gouvernement anglais, sans voir combien cette question de gros sous était misérable pour ceux qui la soulevaient, trouvait exorbitant ce qui restait à sa charge. Pour le restreindre, il s'était déterminé à diminuer le nombre des compagnons ou des domestiques de l'Empereur. Au premier qu'ils avaient désigné, nulle objection ; c'était un Polonais, nommé Piontkowski, que Napoléon ne connaissait point et n'avait point demandé, que les ministres anglais avaient envoyé à Sainte-Hélène on ne sait pourquoi, qu'ils rappelaient de même et qui, durant son séjour inexpliqué, s'était rendu suspect aussi bien aux Français qu'aux Anglais. Pour démêler des mensonges et des hâbleries dont Piontkowski est coutumier une parcelle de vérité, il faudrait beaucoup de temps et cela serait de pure curiosité. Il suffit de dire que, par ordre, le grand maréchal lui délivra, presque comme aux domestiques renvoyés en même temps, un livret sur lequel il recommanda seulement aux parents de l'Empereur qu'ils reconnussent Piontkowski dans le grade de chef d'escadrons et qu'ils lui comptassent une gratification d'une année de ses appointements. Piontkowski reçut pour instructions — au moins à ce qu'on peut croire, car lui qui parle de toutes choses reste muet sur ce point, le seul intéressant — de s'aboucher, lors de son arrivée à Londres, avec le comte Lieven, ambassadeur de Russie, et de lui remettre copie de la protestation, en date du 18 août 1816, que l'Empereur avait adressée, sous forme d'une lettre signée par le comte de Montholon, au gouverneur anglais contre le traité du 2 août 1815 qui le constituait prisonnier des cinq puissances coalisées et qui confiait sa garde au gouvernement britannique [1].

En même temps, trois domestiques avaient été désignés pour partir : le second piqueur Archambaud jeune et l'argentier Rousseau, qui furent

[1] On trouvera dans *Autour de Sainte-Hélène* (2e série) une étude sur Piontkowski, où, sans avoir la prétention d'éclaircir tout de ce personnage mystérieux, j'ai du moins réuni sur son compte plus de notions qu'on n'en avait jusqu'ici.

chargés par l'Empereur de porter de ses nouvelles au roi Joseph, heureusement arrivé aux États-Unis, et l'huissier de la Chambre, Giovan-Natale Santini, qui reçut une mission plus importante.

Ce Santini, qui avait servi aux Tirailleurs corses de l'an XI à 1812, et qui, ensuite, avait été employé comme estafette au grand quartier général, avait spontanément suivi à l'île d'Elbe l'Empereur qui le fit huissier-gardien du portefeuille. De là à Paris, où il eut le même emploi : puis à Rochefort, à Plymouth, à Sainte-Hélène. N'ayant plus de portefeuille à garder, il passait ses journées à la chasse, se montrait peu accommodant vis-à-vis des Anglais, et, par attachement pour son maître, il eût volontiers exercé la vendetta contre le gouverneur, sans même la déclarer. Dangereux là, il pouvait être utile ailleurs. Comme il savait à peine lire et moins encore écrire, on lui apprit mot à mot la protestation de l'Empereur, jusqu'à ce qu'il la récitât d'une façon imperturbable. On lui en remit de plus une copie écrite à l'encre de Chine sur des bandes de satin blanc, faciles à dissimuler. On s'en rapporta à lui pour le meilleur usage à en faire, soit en Angleterre, s'il en trouvait l'occasion, soit en Italie, s'il parvenait jusqu'aux parents de l'Empereur.

Fouillés infructueusement à leur sortie de Longwood, transportés au Cap, où, pour un temps plus ou moins long, devait *obligatoirement* être gardé en observation tout Français qui quittait l'Empereur, les quatre serviteurs furent, après deux mois d'attente, embarqués sur *l'Orontès*, venant de l'île de France. Ils relâchèrent le 31 décembre 1816 à Sainte-Hélène, où on ne leur permit point de profiter des provisions que leur maître leur avait envoyées, et, le 12 février 1817, ils débarquèrent à Portsmouth. Pendant que Rousseau et Archambaud repartaient aussitôt pour les Etats-Unis, Santini s'empressa de demander, à destination de Rome, un passeport qui lui fut accordé et, pour attendre une occasion, il se rendit à Londres. Piontkowski y était déjà ; il avait, semble-t-il, obtenu une audience du comte Lieven, auquel il avait, à l'en croire, remis la protestation de l'Empereur, toute autre chose, à en croire Lieven, mais là s'était borné son zèle. Il trouvait plus avantageux de se prodiguer dans les sociétés, affublé d'un titre de comte et d'un grade de colonel qu'il s'était donnés, d'accepter les dîners auxquels on le conviait, de s'y poser en *ami* de Napoléon, de rouler carrosse et de prodiguer l'argent, car, par chaque courrier, il recevait de généreux anonymes des bons de 5, 20 et 30 livres, qu'il encaissait aussitôt. Les gens de poids le tenaient pour un aventurier, mais les autres le prenaient au sérieux, et il en profitait.

Santini, durant ce temps, manœuvrait à la muette. Ayant su d'un Italien de sa connaissance, rencontré dans une rue de Londres, quel rôle sir Robert Wilson avait joué dans l'évasion de Lavallette, il se procura son adresse, alla le trouver, et lui communiqua la protestation de l'Empereur. Wilson le conduisit chez lord Holland, puis chez l'éditeur Ridgway, qui lui fournit un homme de lettres pour mettre ses récits en anglais. Le 13 mars 1817, en même temps que tous les journaux d'opposition reproduisaient la protestation de Napoléon, paraissait une brochure : *Appel à la nation anglaise sur le traitement éprouvé par l'empereur Napoléon dans l'île de Sainte-Hélène*, par M. Santini, huissier du cabinet de l'Empereur, et lord Holland s'apprêtait à interpeller le ministère à la Chambre des lords. Lord Holland s'est défendu d'avoir été déterminé par les récits de Santini : « Ma motion, a-t-il écrit, n'avait aucune connexité avec ce pamphlet ou son auteur. » Sans doute, un pair du Royaume-Uni, même lorsqu'il s'est appelé Fox, ne saurait former ses résolutions sur les confidences d'un domestique ; mais n'est-ce point là une vanité puérile, lorsque, grâce à ce domestique, on inscrit son nom dans l'histoire de Napoléon, à une page restée blanche : celle de la généreuse pitié envers le vaincu ?

Le retentissement de la motion de lord Holland fut immense. En répondant, lord Bathurst ne put nier les vexations exercées par son agent contre le prisonnier ; il ne put nier que l'Empereur se disait malade, qu'il l'était peut-être et qu'il était médiocrement soigné ; il contesta bien des points ; il ergota, disputa, mentit, se rendit insolent et chercha des suffrages par des violences d'outrage, — ce qui est d'une tactique courante, — mais, se rendant compte que l'opinion tournait, il laissa entendre qu'au moins des adoucissements seraient apportés aux mesures imposées par le gouverneur, et il en donna personnellement l'assurance à lord Holland.

Par les voies les moins favorables et les plus inattendues, la vérité se faisait jour. Une lettre que le marquis de Montchenu, commissaire du roi de France à Sainte-Hélène, avait écrite à un de ses amis et où, au milieu d'invectives contre Buonaparte, il attestait la désolation et l'insalubrité de l'île, le prix fantastique de tout ce qui était nécessaire à la vie, était, on ne sait comment, mise en circulation, copiée par des milliers de fidèles et reproduite dans les journaux anglais[1]. Les membres d'une ambassade anglaise à la Chine, qui, au retour, avaient relâché à Sainte-Hélène, et qui avaient été admis auprès de l'Empereur, s'empressaient, dès leur arrivée, de faire leurs confidences au public.

L'opinion anglaise, toute disposée, à présent, à trouver du génie à l'homme que l'Angleterre avait vaincu et à en accroître son orgueil, s'indignait de la dureté du gouvernement, de la stupidité grossière du geôlier, et elle faisait reculer les ministres qui se cherchaient presque des excuses. D'Angleterre, ces nouvelles sautaient le détroit, se répandaient

[1] On trouvera dans *Autour de Sainte-Hélène* (2e série) l'étude que j'ai consacrée au marquis de Montchenu.

par la France, gagnaient l'Italie et l'Allemagne, la Russie même. Partout, malgré les douanes et les censures, on parlait de *Lui*, on plaignait ses souffrances, on s'attendrissait sur sa captivité. Des poètes mineurs s'enhardissaient à mettre sa gloire en des chansons que les peuples répétaient. C'est ainsi que s'inaugurent les épopées.

Devant ce mouvement d'universelle pitié pour le captif, que menaient dans l'Europe entière les libéraux, mais auquel accédaient des monarchistes convaincus, les alliés prenaient quelque honte d'avoir ainsi abandonné à l'Angleterre le prisonnier de la Sainte-Alliance. Les rapports qu'ils recevaient de leurs commissaires à Sainte-Hélène leur prouvaient que rien n'était exagéré, ni de la suffisante sottise du geôlier, ni de l'insalubrité du climat, ni de la cherté et de la difficulté de vivre. De tous les côtés à la fois, l'on apprenait que l'Empereur était malade, très malade; malade du climat que nul Européen ne pouvait supporter longtemps, malade de la claustration à laquelle sa dignité le condamnait; que peut-être il allait mourir. Et la responsabilité de cette mort pesait sur eux.

*
* *

Au moment où ces impressions qui avaient déjà fait admettre des facilités dans les relations entre le prisonnier et sa famille, pour les envois de fonds, de lettres, de provisions, de vêtements et de livres, allaient s'accentuer peut-être jusqu'à produire des résultats plus sérieux, le général Gourgaud arriva à Londres.

A la suite de déplorables incidents qu'on a vainement tenté de pallier et qu'il faudra raconter un jour, le premier officier d'ordonnance s'était séparé de l'Empereur et avait quitté Longwood le 13 février 1818. Il avait été accueilli avec empressement par le gouverneur et par les commissaires alliés et constamment fêté par eux. Il avait beaucoup parlé, — beaucoup trop, — donné à lire ses notes et ses lettres. Il avait dit que l'Empereur se portait à merveille, que toutes les plaintes qu'il faisait sur sa santé étaient une comédie; il avait dit que l'Empereur avait à sa disposition des sommes considérables et que tout ce qu'il alléguait au sujet de sa pénurie était une comédie; il avait dit que l'Empereur pouvait s'évader quand il voudrait et qu'il correspondait comme il voulait avec qui il voulait. Il avait raconté toutes les querelles, et même la chronique secrète de Longwood. Il n'avait point fait à Hudson Lowe seulement ce que lord Bathurst appelle *sa confession*; il l'avait faite au commissaire autrichien Sturmer, qui, aussitôt, en avait donné part au Russe et au Français.

Le 14 mars, dispensé par exceptionnelle faveur du stage obligatoire au Cap, Gourgaud s'embarque pour l'Angleterre : il emporte des lettres qu'Hudson Lowe lui a remises pour les ministres et pour cinq ou six de ses amis personnels, des lettres de Montchenu pour l'ambassadeur de France à Londres, le marquis d'Osmond, des lettres de Balmain pour le comte Lieven. Hudson Lowe lui a prêté 100 livres, mais l'Empereur lui a envoyé 12 000 francs et lui a assuré ci-devant une pension annuelle de 12 000 francs avec les moyens d'en toucher les arrérages.

Le 1er mai, il est en vue de Plymouth; le 8, il est autorisé à débarquer à Gravesend, et, le même jour, il est à Londres. Sa première visite, le 9, est pour le sous-secrétaire d'État aux Colonies, M. Goulburn, auquel il renouvelle sa confession et qui l'invite à dîner. Sa seconde visite est pour le marquis d'Osmond. Ne l'ayant point trouvé, il retourne chez lui le 10. Il a avec lui une conversation de quatre heures. A la fin, il annonce son désir de rentrer en France, son intention de reprendre du service, mais ce ne serait que comme général. Or, les Bourbons n'ont point reconnu les grades donnés par Napoléon durant les Cent-Jours, et le colonel Gourgaud a été promu général de brigade trois jours après Waterloo, le 21 juin 1815.

Plus tard, beaucoup plus tard, quand se furent évanouies les espérances qu'il avait fondées sur les acquiescements courtois du marquis d'Osmond, Gourgaud s'aperçut qu'il avait fait fausse route. Il chercha à se réhabiliter aux yeux des libéraux anglais et des exilés français et à tirer parti des dictées sur la campagne de 1815 qu'il avait emportées de Sainte-Hélène; pour en assurer le lancement et pour donner un gage, il écrivit à l'impératrice Marie-Louise une étrange lettre qu'il rendit publique. L'*Alien Bill* lui fut alors appliqué sur la demande de l'ambassadeur de France et il fut transporté à Cuxhaven, d'où il se rendit à Hambourg. De là, il réclama au prince Eugène, chargé des fonds de l'Empereur, les arrérages de sa pension de 12 000 francs, à compter de 1817, date où l'ordre en avait été écrit : ces arrérages lui furent régulièrement payés et le capital consolidé de sa pension lui fut même versé par le prince Eugène en janvier 1822 ; il avait, dès le 20 mars 1821 — quatre mois avant qu'on connût la mort de l'Empereur, — obtenu de rentrer en France.

Ceci n'importe.

Le mal était fait, il était irréparable. Les efforts de la pitié universelle, les supplications d'une mère, les témoignages des fidèles, tout devait échouer contre ces allégations de Gourgaud. Là contre va se briser l'actif dévouement de Las Cases.

Las Cases, enlevé avec son fils de Longwood, le 25 novembre 1816, pour avoir, maladroitement peut-être, tenté de faire passer en Europe quelques lettres où il rapportait, non sans violences littéraires, les détails de la captivité, s'est consulté avec lui-même lorsque le gouverneur, comprenant quel effet produirait en Europe la contrainte exercée à l'égard du seul homme dont la société fût agréable à l'Empereur, lui a proposé, moyennant certaines conditions, de retourner près du captif. Las Cases a senti la nécessité que Napoléon ait en Europe un interprète autorisé qui parle et écrive ; un commissionnaire qui réunisse les fonds nécessaires, les objets utiles, et les fasse passer à Sainte-Hélène, qui s'institue l'intermédiaire entre l'Empereur et sa famille et qui s'ingénie à procurer les adoucissements souhaitables, et à disposer l'opinion. Ce que Santini exécute à la même époque presque inconsciemment, par la seule puissance de son dévouement, Las Cases rêve de l'accomplir par ses écrits et par son action. Qu'il voie la gloire d'un tel rôle, qu'il escompte l'immortalité qui s'attachera ainsi à son nom, qui le lui reprochera? L'illustration qu'on acquiert par la fidélité aux vaincus, par le zèle désintéressé pour les servir, n'est point pour tenter les âmes communes. Issu d'une des maisons les plus anciennes de l'Andalousie, descendant directement de ce Charles de Las Cases qui, ayant accompagné en France la reine Blanche de Castille, s'y établit, acquit de grandes terres et y fit souche, allié à ce qui est le mieux en noblesse, marié à une femme digne de lui, ayant fait, durant son émigration comme au Conseil d'Etat, ses preuves d'intelligence et d'habileté, Las Cases eût pu tout demander au roi restauré et tout en obtenir : il a préféré l'exil et la captivité avec celui qui lui a inspiré la plus profonde des admirations et le dévouement le plus entier. Mieux qu'à Sainte-Hélène, il croit pouvoir à présent le servir en Europe. Il se résigne à y venir, échangeant ainsi la captivité contre la proscription.

Mais Hudson Lowe a eu vent de ses desseins et il sait en retarder au moins les effets. Parti de Sainte-Hélène le 31 décembre 1816, débarqué au Cap le 17 janvier 1817, Las Cases y est retenu pendant huit mois, jusqu'au 20 août, bien moins par les ordres du ministère que par les suggestions du gouverneur de Sainte-Hélène. D'Angleterre où, le 15 novembre, on ne lui permet point d'atterrir, il doit prendre sa route par la Belgique où on ne le laisse point résider, pour Francfort-sur-le-Mein, où il arrive malade, épuisé, presque aveugle, le 11 décembre. Surveillé par les représentants de toutes les puissances, persécuté par le ministre du roi de France à Francfort, ce Reinhard dont le zèle royaliste surpasse l'ancien zèle républicain ou bonapartiste, Las Cases paraît redoutable parce qu'il est fidèle. Au reste, dès qu'il a obtenu une autorisation de résider, il s'emploie avec une admirable activité à la mission qu'il s'est assignée. Recueillir des nouvelles de la Famille et les expédier à Sainte-Hélène, constituer un fonds pour les besoins du prisonnier, attirer l'attention des puissances sur la situation qui est faite à l'Empereur, y obtenir des adoucissements et, s'il est possible, déterminer les souverains, et celui en particulier qui passe pour le chef de la Sainte-Alliance, à désigner un autre lieu de déportation, tel est le travail auquel il s'applique durant les premiers mois de 1818 : le moment semble propice. Un congrès va s'ouvrir à Aix-la-Chapelle ; les empereurs et les rois s'y rencontreront ; pourront-ils résister aux supplications d'une mère et à la pression de l'opinion ?

A vrai dire, les choses n'étaient plus au point où Las Cases les eût trouvées s'il fût arrivé en Europe, comme il avait dû raisonnablement l'espérer, au début de 1817, tout de suite après Santini. En Angleterre, la curiosité commençait à se blaser. Si les lettres de Warden y avaient retenti, si les pamphlets de Santini avaient trouvé de l'écho même à la Chambre des lords, si le *Manuscrit* surtout avait été dévoré dans l'Europe entière, la première publication qu'on pût authentiquement attribuer au prisonnier de Sainte-Hélène : les *Lettres du Cap de Bonne-Espérance, en réplique à M. Warden*, n'avaient point fait tout le bruit qu'on en pouvait attendre, malgré le sous-titre engageant : *avec des extraits du grand ouvrage maintenant en cours pour la publication, sous l'inspection de Napoléon.* On n'en était plus à Warden. Sans doute la presse anglaise s'était occupée des *Lettres du Cap*, et le *Times* leur avait consacré quatre grands articles, mais les éditions ne s'enlevaient point. Il fallut près de deux années pour qu'elles franchissent la Manche et trouvassent en Belgique des presses complaisantes. D'autres pamphlets laissaient le public presque indifférent : ainsi le *Manuscrit de l'île d'Elbe*, les *Lettres de Sainte-Hélène*, les *Observations sur le discours de lord Bathurst*. La spéculation était encore bonne pour O'Meara qui s'était fait le pourvoyeur du libraire Ridgway ; mais la continuelle répétition des mêmes griefs lassait, et les pages étincelantes du *Manuscrit de l'île d'Elbe* étaient peu ou point comprises.

S'il était ainsi du public anglais, en Europe l'opinion fermentait de plus en plus ; mais ce n'était point à Napoléon empereur qu'elle s'attachait : c'était au général, au consul, au défenseur de la Révolution française, à la Révolution même, à ses doctrines et à leurs effets. Les nations, opprimées depuis 1815 par ceux qui, au nom de la liberté, les avaient précipitées sur la France, se tournaient vers celui qui, dans l'Europe presque entière, avait inauguré, par ses constitutions, ses codes, son administration, un ordre nouveau. Les souverains de la Sainte-Alliance voyaient se dresser du fond de l'Océan celui qu'ils avaient cru terrasser et leurs peuples frémissaient à son nom de criminelles espérances. Que viendrait-on leur parler à présent d'adoucir sa captivité? Depuis le mois de mai 1818, n'avaient-ils point, contre tout ce qu'allégueraient les parents ou les amis de l'Empereur, une réfutation toute prête : les déclarations de Gourgaud?

De cela, ni Las Cases, ni les Bonaparte dont il

s'était fait l'avocat, ne pouvaient se douter. Le Congrès était réuni : Madame-mère était désignée pour y porter ses plaintes et ses prières. Elle le fit en des termes qu'elle n'eût vraisemblablement point choisis et qui paraissent un peu littéraires; mais la lettre qu'elle signa était belle et noble. Las Cases crut devoir y joindre des lettres en son propre nom : ce qui était excessif.

La Russie se chargea de répondre. Il faut lire l'annexe au protocole 31 du Congrès, en date du 13 novembre 1818, et le protocole 42, en date du 30 novembre : pièces essentielles qu'on ne peut que résumer ici.

Rien ne doit être changé au traitement du prisonnier, le général Gourgaud ayant « révélé des particularités qui ne pouvaient manquer de fixer l'attention des alliés ». Et voici ces particularités : « Napoléon, selon lui, n'excite envers le gouverneur de Sainte-Hélène toutes les tracasseries dont il le fatigue que pour mieux cacher ses véritables desseins. Les correspondances secrètes avec l'Europe et le trafic d'argent ont lieu dans toutes les occasions qui se présentent. Le projet d'évasion a été agité par les gens attachés à sa suite et il aurait été exécutable si leur chef n'avait pas mieux aimé le différer. Le moment de l'exécution de ce projet devait coïncider avec celui de l'évacuation du territoire français par les troupes alliées et avec les troubles que cet événement devait faire naître. »

Comme le Congrès a pour objet principal de combiner des mesures de salut européen « contre tout ce résidu criminel des temps révolutionnaires » ; comme Napoléon Bonaparte est le chef incontesté « des ennemis de l'ordre » ; comme « l'odieux que les révolutionnaires de tous les pays cherchent à jeter sur la mesure de sa détention, quoique autorisée par la justice et commandée par la nécessité », devient pour eux comme « un mot de ralliement », il n'y a qu'à approuver toutes les mesures restrictives prises par le gouvernement anglais, à recommander une surveillance de plus en plus étroite, à interdire, comme attentatoire à la sûreté européenne, « toute correspondance avec le prisonnier, envoi d'argent ou communication quelconque qui ne serait pas soumise à l'inspection du gouvernement britannique ou de ses commissaires. »

C'en est fait ; la porte de la prison est murée ; désormais le prisonnier de l'Europe ne peut plus être délivré que par la mort.

Ce n'est point sa santé qui peut émouvoir. Dès le 16 mai 1818, lord Bathurst a écrit à Hudson Lowe : « J'ai tout lieu de croire, d'après les informations données par le général Gourgaud à M. Goulburn..., que la santé du général Buonaparte n'a en aucune manière souffert de sa résidence à Sainte-Hélène ; que l'enflure des jambes n'a été ni plus fréquente ni plus étendue qu'elle ne l'était parfois antérieurement et d'habitude, et que les rapports de M. O'Meara sont très mensongers. » C'est la condamnation sans appel d'O'Meara : il devra être chassé de Sainte-Hélène. Napoléon, parmi les médecins anglais, n'a confiance qu'en celui-là ; il n'admet point qu'on lui en impose un autre. Eh bien! il se passera de médecin. Aussi bien, il n'est pas malade.

Il l'est pourtant, O'Meara le certifie, mais puisque O'Meara est un menteur! Lorsque, à partir du 17 août, commencent à paraître dans le *Morning Chronicle* les documents relatifs à sa querelle avec le gouverneur, qu'il a envoyés de Sainte-Hélène; lorsqu'en octobre, lui-même, arrivé à Londres, réunit ces pièces en brochure sous le titre : *Exposé des événements arrivés à Sainte-Hélène depuis la nomination de sir Hudson Lowe*, il faudrait, pour juger la cruauté des hommes qui ont enlevé à Napoléon le seul médecin qu'il veuille consulter, admettre ce *postulatum* qu'il est malade. Mais puisqu'il n'est point malade! C'est une faute contre l'honneur, presque un crime de lèse-majesté, de déclarer qu'il le soit : lorsque, le 17 janvier 1819, sur une crise plus violente que les autres et qui paraît suprême, le grand maréchal Bertrand, ne pouvant se résigner à laisser son maître mourir sans secours, se détermine à demander au gouverneur que le docteur Stokoë, médecin du vaisseau-amiral le *Conqueror*, dont O'Meara a garanti les talents et la discrétion, vienne visiter l'Empereur; lorsque Stokoë constate la gravité du cas et qu'il prétend remplir son devoir en honnête praticien et en brave homme, le gouverneur lui fait le même sort qu'à O'Meara — pire même. Incapable de se prêter à ce qu'Hudson Lowe a exigé de lui; pris entre sa conscience et des menaces de conseil de guerre, Stokoë a allégué sa santé, il a obtenu un certificat de maladie et il est parti pour l'Angleterre. A peine y est-il arrivé que, sur la demande d'Hudson Lowe, on le renvoie à Sainte-Hélène où l'amirauté ordonne qu'il soit jugé « pour avoir fait des rapports mensongers ». Il est jugé sur de faux témoignages, par des juges qui se sont rendus ses accusateurs, et il est condamné à être rayé des contrôles.

Ces médecins anglais qui diagnostiquent unanimement une hépatite chronique du caractère le plus grave ne peuvent être que séduits ou achetés par Napoléon. Bathurst et Goulburn, l'empereur Alexandre et l'empereur François ne sont pas si sots que de s'y laisser prendre. Napoléon n'est pas malade. Gourgaud l'a affirmé. Cela suffit.

Toutefois, aux yeux de l'Europe et de la postérité, les geôliers ne veulent point assumer le rôle qu'ils jouent réellement. La pudeur exige qu'on paraisse donner des soins au prisonnier, qu'on paraisse lui rendre un médecin puisqu'il en réclame un; et comme aussi — pour achever la comédie sans doute — il demande un prêtre catholique, n'y en ayant pas à Sainte-Hélène, les souverains réunis en Sainte-Alliance, sous l'invocation de la Très Sainte Trinité, ne peuvent le lui refuser; d'ailleurs, c'est le pape même qui s'est fait ici l'avocat de Napoléon.

Formulée le 22 mars 1818, au lendemain du jour où le gouverneur a interdit à O'Meara l'entrée de Longwood, la demande de l'Empereur a été accueillie le 10 août par le gouvernement anglais. Lord Bathurst a laissé au cardinal Fesch, agissant au nom de Madame-mère, le choix d'un prêtre catholique romain et d'un médecin français *d'une réputation établie* : on pourra également envoyer un maître d'hôtel et un cuisinier pour remplacer un mort et un rapatrié. Pour le médecin, un choix paraissait s'imposer : celui du praticien distingué qui, après avoir suivi l'Empereur durant la campagne de 1814, l'avait accompagné à l'île d'Elbe, avait rempli pendant les Cent-Jours les fonctions de premier médecin, et n'avait renoncé au voyage de Rochefort que sur l'injonction formelle de son maître, à cause du mandat de Représentant qu'il avait à remplir. Non seulement Foureau de Beauregard se tenait aux ordres de l'Empereur, mais, pour être plus à portée de les solliciter et de les recevoir, il était venu en Italie servir dans la maison d'un des Bonaparte. Sa nomination ne faisait doute pour aucun des fidèles. Fesch en décida autrement : il désigna un jeune homme corse, point docteur, pas même médecin, employé en second dans l'académie chirurgicale de Florence où il répétait l'anatomie. De même, point de prêtre français : un Corse, de soixante-cinq ans, anciennement curé au Mexique, venu en 1814 de Corse à l'île d'Elbe pour y être aumônier de Madame-mère, et, en cette qualité, l'ayant suivie à Paris. Il avait déjà subi une ou deux attaques d'apoplexie et « parfois il ne pouvait pas s'exprimer ». Vu les infirmités de ce Buonavita, Fesch lui adjoignit un autre prêtre corse, très jeune, sur lequel il n'avait pris aucun renseignement. La princesse Pauline, s'étant réservé le choix du cuisinier, a donné le sien, ancien page de cuisine aux Tuileries, et le maître d'hôtel est aussi un ancien serviteur de la famille.

Les décisions prises par Fesch et confirmées par Madame semblaient inexplicables ; l'itinéraire tracé aux membres de la petite caravane n'eût point été différent s'il eût été calculé à dessein pour retarder indéfiniment leur embarquement. Aussi bien, n'était-ce pas le but que se proposaient Fesch et sa sœur ? A quoi bon médecin, prêtres, cuisinier, maître d'hôtel iraient-ils à Sainte-Hélène, puisque l'Empereur n'y était plus ? « Je ne sais, écrit Fesch à Las Cases le 5 décembre 1818, quels moyens Dieu emploiera pour délivrer l'Empereur de sa captivité, mais je ne suis pas moins intimement convaincu que cela ne peut pas tarder. J'attends tout de lui : et ma confiance est pleine ; » et le 27 février 1819, dévoilant une partie de son secret, il écrit : « Quelqu'un nous assure que, trois à quatre jours avant le 19 janvier, l'Empereur a reçu la permission de sortir de Sainte-Hélène et que les Anglais le portent ailleurs. Que vous dirai-je ? Tout est miraculeux dans sa vie et je suis très porté à croire encore ce miracle. D'ailleurs, son existence est un prodige et Dieu peut continuer à faire de lui ce qui lui plaît. »

Ce quelqu'un qui a révélé à Fesch et à Madame que l'Empereur a été enlevé de Sainte-Hélène, non par les Anglais, mais par les anges, est une voyante allemande qui s'est complètement emparée de leur esprit et qui, de 1818 à 1821, sans que rien puisse altérer leur aveugle confiance, les bercera de ses contes bleus, s'interposera entre eux et la vérité et les fera vivre de mensonges. C'est là l'ironie suprême. Au moment où l'Empereur peut recevoir des siens les secours matériels et moraux qui lui adouciraient le suprême départ, où l'Angleterre le permet, où les rois y consentent, que lui envoie Fesch ? Pour le corps, un barbier corse, le plus mal éduqué, le moins exact à son devoir, le plus ignorant dans sa profession ; pour l'âme, un vieux prêtre hébété et aphone, avec un jeune qui sait à peine lire et écrire !

L'autorisation du ministère anglais était en date du 10 août 1818 ; la petite caravane ne partit de Rome qu'à la fin de février 1819 ; elle arriva à Sainte-Hélène le 20 septembre. L'Empereur, dont l'état était déplorable, jugea au premier coup le médecin et les prêtres : ils ne pouvaient lui être d'aucun secours. Qu'importait aux souverains, puisqu'il n'était pas malade ! Qu'importait à Madame et à Fesch, puisqu'il n'était plus à Sainte-Hélène ! « Quoique les gazettes et les Anglais, écrit Fesch à Las Cases, veulent toujours insinuer qu'il est à Sainte-Hélène, nous avons lieu de croire qu'il n'y est plus ; et, bien que nous ne sachions ni le lieu où il se trouve, ni le temps où il se rendra visible, nous avons des preuves suffisantes pour persister dans nos croyances... Il n'y a pas de doute que le geôlier de Sainte-Hélène oblige le comte Bertrand à vous écrire comme si Napoléon était encore dans les fers, mais nous avons des certitudes supérieures... »

Deux mois avant l'arrivée de Buonavita et d'Antommarchi, le 3 juillet, Mme de Montholon a quitté Sainte-Hélène avec ses enfants. Pourquoi ? dans quel but ? Raisons de santé, besoin des eaux, éducation des garçons ? on ne sait. Dans ses *Souvenirs de la captivité*, Montholon ne mentionne même pas le départ de sa femme, que, d'après les lettres qu'il lui adresse, il comptait rejoindre en Europe le plus tôt possible, au cas que les trois prêtres ou médecins dont les journaux annonçaient la venue fussent à la hauteur de leur rôle. Comme les Montholon, les Bertrand étaient las de l'exil et de la prison. Cette vie leur pesait ; ils aspiraient à partir, et le mobile véritable du voyage de Mme de Montholon, était de chercher et de trouver, s'il était possible, des suppléants à son mari et au grand maréchal.

Un homme se présenta de bonne volonté qui, depuis qu'il avait été séparé de l'Empereur à Plymouth, n'avait aspiré qu'à le rejoindre ; c'était

Planat, ancien aide de camp de La Riboisière et de Drouot, officier d'ordonnance aux Cent-Jours; mais des difficultés de tous les genres, soulevées par divers membres de la famille, prolongèrent la négociation durant l'année 1820 tout entière.

L'Empereur pourtant souffrait de ce dégoût croissant qui menaçait de lui enlever ses derniers compagnons, et qui, en attendant, rendait son existence insupportable; il s'effrayait et s'indignait de cette solitude menaçante, aussi pénible pour son orgueil que douloureuse à ses derniers jours. Il n'avait pu tolérer plus d'une année cet Antommarchi, qui manquait à son service comme aux usages, mécontentait tout le monde, Français et Anglais, et à tout instant réclamait son congé. Il était las de Buonavita dont la santé s'affaiblissait visiblement. Si Planat devait arriver, ce serait quelque chose, bien que Planat ne représentât guère et n'eût point de surface, mais il désirait quelqu'un de plus qualifié pour remplacer Bertrand — car Montholon ne semblait plus penser à le quitter. Il se détermina alors à une démarche qui devait singulièrement lui coûter et qui montre d'autant plus le prix qu'il y attachait. Les 27 et 30 janvier 1821, il fit parler et écrire au gouverneur pour demander un compagnon, un médecin et un prêtre. Pour compagnon, il désignait, au choix, les ducs de Vicence ou de Rovigo, les comtes de Ségur, de Montesquiou, Drouot, Daru, de Turenne, ou Denon, ou Arnault. Pour le médecin, il s'en rapportait à Desgenettes, à Percy ou à Larrey, de même que, pour le prêtre, à qui de droit : *qui de droit*, ce n'était point sa famille qui l'avait si mal servi : c'était le roi de France. « Tout ce qu'il est nécessaire de faire, écrit Montholon sous la dictée de l'Empereur, ne peut l'être que par l'intermédiaire du gouvernement français ou anglais. »

Mme de Montholon, qui avait mis un zèle infini dans la négociation au sujet de Planat, ne porta pas moins d'activité à la nouvelle affaire dont, en l'absence de tout autre intermédiaire, elle se trouvait chargée. Près des hommes qu'avait désignés l'Empereur, elle n'obtint aucun succès. Ils étaient, la plupart, ralliés à la royauté légitime : Ségur, Montesquiou, Daru, pairs de France; les autres ne se souciant point de l'exil et de la captivité. De ceux-ci, qui se récusaient ou qui s'excusaient, elle dut, pour découvrir quelqu'un qui consentît à venir à Sainte-Hélène, descendre à des gens de lettres tels que Casimir Bonjour, auquel on offrit la place de secrétaire, et qui refusa parce qu'il avait une pièce à faire jouer. Du côté du gouvernement royal, au contraire, toute facilité. Commissionné par le ministre des Affaires étrangères, le baron Desgenettes désigna, comme médecin, le docteur Pelletan, fils du chirurgien en chef de l'Hôtel-Dieu, lui-même homme des plus distingués et des plus savants, médecin par quartier du roi — et, ce qui ne gâte rien, homme de cœur.

Quant au prêtre, lorsque M. de Quélen, coadjuteur de Paris et secrétaire général de la grande aumônerie avec future succession, apprit que l'Empereur demandait un aumônier, il se présenta. Que sa famille dût quelque chose à Napoléon, son frère ayant été écuyer de Madame et baron de l'Empire, lui-même attaché au cardinal Fesch, cela ne comptait point; il voyait plus haut. Le ministre lui ayant confié son embarras pour trouver un prêtre qui voulût aller à Sainte-Hélène : « J'irai moi-même, dit-il ; je m'offre volontiers pour conquérir cette âme à Dieu. »

Le geste était beau. On fit comprendre au coadjuteur qu'il ne pouvait quitter le diocèse dont le grand âge du cardinal de Périgord lui abandonnait la charge, mais on le laissa libre de son choix. Il désigna un jeune prêtre, dont l'Eglise attendait beaucoup, quoique, ayant en 1814 interrompu ses études pour combattre l'Invasion, il ne fût ordonné que depuis un an. C'était l'abbé Gaspard Deguerry, celui que nous avons vu curé de la Madeleine, celui qui, le 27 mai 1871, tomba à la Roquette près de son archevêque, fusillé comme lui en haine de la religion dont il avait été l'apôtre et dont il était le martyr.

Il fallait qu'on se pressât. Le 17 mars 1821, l'abbé Buonavita, qui n'a pu résister plus longtemps au climat, a quitté Sainte-Hélène.

Il a été chargé de dire à ceux qui doivent venir de hâter leur départ. L'Empereur, qui n'a point d'illusion ni d'espérance, veut au moins qu'on connaisse la vérité tout entière. Par ses ordres, Montholon écrit à la princesse Pauline : « Il meurt sans secours sur cet affreux rocher ; son agonie est effroyable. »

A l'arrivée de Buonavita, Pauline veut partir, aller retrouver son frère ; elle écrit à lord Liverpool pour implorer sa déportation comme une grâce.

C'est le 11 juillet : depuis deux mois, là-bas sous l'équateur, la mort a fait son œuvre, elle a délivré le prisonnier.

Un mois jour pour jour avant qu'il expirât, le 6 avril, le grand maréchal, en présence des tortures qu'il endurait, s'est déterminé à appeler le docteur Arnott, le seul médecin qui, dans l'île, soit en une espèce de réputation — et cela malgré qu'Arnott doive faire son rapport au gouverneur. « Il paraît croire, écrit sir Thomas Reade à Hudson Lowe, que le général — c'est Napoléon — n'est atteint d'aucune maladie sérieuse et que son mal même est plutôt moral que physique. Le comte Bertrand lui ayant demandé son opinion, il a répondu qu'il n'y avait aucune espèce de danger. » Trois jours avant la mort, le 2 mai, le commissaire du roi de France et de l'empereur d'Autriche, le marquis de Montchenu, écrit au prince de Metternich : « J'ai eu l'honneur de mander à Votre Altesse dans ma dernière dépêche que Napoléon avait recommencé à se dire malade. Comme nous sommes accoutumés depuis cinq ans à ces prétendues maladies, quand il méditait un plan nouveau, cela ne voulait dire pour nous que : *Tenons-nous sur nos gardes.* »

Ainsi, jusqu'au dernier jour, jusqu'au dernier instant, la consigne de la Sainte-Alliance a été fidèlement gardée. Pour prouver qu'il était malade, Napoléon n'avait qu'un moyen : mourir. L'Europe ne lui en demandait pas davantage. Maintenant qu'il est mort, on peut constater si ses souffrances prétendues ont été une comédie : on ouvre son corps; on trouve l'estomac adhérent par toute la partie supérieure à la concavité gauche du foie. A un pouce du pylore, un ulcère en a perforé les parois, et le trou est assez grand pour laisser passer le petit doigt. La surface interne du viscère est un amas de matières cancéreuses ou de squirres en décomposition. Sur l'hépatite chronique, le cancer s'est greffé. Quelle en a été l'évolution? A quelle époque remonte son apparition? Deux ans, trois ans peut-être. Et pas un secours, pas un palliatif, pas un soporifique, pas un calmant — rien, pas même un médecin!

Cela n'a point d'importance : il est mort.

*
* *

Il vit pourtant et d'une toute autre vie que les vivants qui nous entourent. Il vit et nous vivons par lui. Tout ce que nous sommes, nous le rapportons à lui; tout ce que nous pouvons être, nous le devons à lui. De tous les points du monde, d'autres, qui ne sont pas Français, viennent en pèlerinage au tombeau de l'homme de guerre qui reste le maître et le modèle des soldats ; mais, nous autres, Français de France, nous ne glorifions pas seulement en Napoléon le chef des armées, le conquérant et le stratège ; nous réclamons l'organisateur, le pacificateur, le médiateur entre la France ancienne et la nouvelle ; l'homme qui, des débris du passé et des matériaux informes du présent, a construit l'édifice qui, depuis cent ans, abrite notre société. Son nom est le mot de ralliement qu'échangent ceux qui prétendent qu'elle vive. Il a suffi que vous appreniez que quelques hommes de bonne volonté s'étaient groupés à dessein de parler de lui, pour que, négligeant vos affaires et vos plaisirs, vous soyez accourus de tous les points de la grand'ville. Vous eussiez voulu qu'on la déroulât entière devant vous, cette existence frémissante de génie et illuminée de gloire qui, à proportion qu'elle recule dans le passé, emplit l'histoire tout entière et jette sur les âges un pan d'ombre d'autant plus épaissi qu'ils s'en éloignent davantage. Vous eussiez souhaité des voix d'éloquence et de poésie dignes de célébrer le surhomme en qui les civilisations antiques eussent trouvé leur dieu ! Mais, pour dire des mots qui s'égalent à lui, qui donc depuis Hugo ? Il nous reste de l'étudier avec minutie, de le chercher dans le détail de ses résolutions et de ses actes, de discuter les mobiles de ses décisions, de lui demander, pour nos âmes flétries par le néant de nos ambitions, pour les âmes aveulies de ceux qui nous suivent et qui semblent renoncer même à nos rêves, la leçon d'énergie dont sa vie est l'étonnante illustration. C'est ce que nous avons fait aujourd'hui, c'est ce que nous ferons demain, tant qu'il nous restera une voix et une plume, racontant son histoire, présentant sa doctrine, dressant, en face de l'anarchie dominante et lâchement subie, cette hiérarchie dont il fut l'instituteur, qui combinait toutes les forces de la nation, respectait tous ses intérêts moraux et matériels, lui assurait l'honneur, l'ordre et la prospérité

SAINTE-HÉLÈNE [1]

Pour exposer, en une heure de soixante minutes, quelque chose de ce qui s'est passé à Sainte-Hélène de 1815 à 1821, il faut choisir : ou de la déclamation et de la poésie qui émeuvent, ou des détails qui intéressent, ou des traits essentiels qui peuvent servir à former une opinion plus humaine, plus approchée de la réalité et plus utile à l'histoire. C'est à ce dernier parti que je me suis arrêté.

Pour comprendre le drame, il faut en décomposer les éléments : envisager d'abord quelle était la position légale de l'Empereur vis-à-vis de ses gardiens et quelle attitude cette position lui imposait ; ensuite, de quelle façon l'Empereur était entouré et quels troubles devaient naturellement résulter d'un tel entourage ; enfin quel était l'homme chargé de sa garde, pourquoi il avait été choisi par les ministres anglais et de quelle façon il devait remplir

[1] Conférence prononcée à l'école Sainte-Geneviève le 10 mars et à l'Université des Annales le 30 mars 1909.

sa mission. Il y a d'autres points accessoires : ceux-ci sont essentiels : l'étude qu'on en fera fournit la clef du drame intérieur, de même que l'affaire Gourgaud a donné la clef du drame extérieur. De l'action même je dirai peu de chose : aussi bien, à partir de 1818, il faut l'imaginer, puisque les témoignages authentiques font défaut. Et alors, ce n'est que sur les mobiles auxquels obéit le protagoniste, sur les caractères affectés par les acteurs secondaires, qu'on peut se guider. Les détails échappent, mais, de l'ensemble ainsi entrevu, une doctrine historique se dégage, presque une philosophie — et peut-être est-ce plus essentiel ?

Napoléon avait abdiqué : encore fallait-il à présent se défaire de lui, pour que le président du Gouvernement provisoire, M. Fouché, duc d'Otrante, pût mener à bien les négociations qu'il avait constamment entretenues avec la cour de Gand, pour que M. Davout, maréchal d'Empire, duc d'Auerstaëdt et prince d'Eckmühl, pût suivre cette étrange intrigue par laquelle il sembla s'attacher à produire un changement de régime où il fût assuré, sinon de la première place, au moins d'une place prépondérante, et par quoi il aboutit à livrer la France aux coalisés et ses compagnons d'armes aux bourreaux.

Il fallait que l'Empereur partît, qu'il partît sans délai, qu'il laissât le champ libre aux intrigants. Si, sous le coup du désastre, Napoléon s'était prêté à sortir de Paris, il s'obstinait à rester à Malmaison, ne pouvant comprendre comment, avec cette armée rétablie et reformée sous Paris, si pleine d'entrain, si altérée de revanche, on ne profitait point du désarroi de l'armée anglaise plus éprouvée que la nôtre dans les batailles de Belgique, de l'imprudence de l'armée prussienne, lancée follement en avant. Écraser l'une après l'autre n'eût point procuré peut-être une solution définitive, mais du moins une position pour traiter — puis qui sait! Un soldat n'a point à envisager les conséquences politiques de sa victoire : pouvant vaincre, il doit combattre ; même si la victoire est douteuse, même si elle est improbable, il doit tenter le combat ; ici elle était certaine. Mais Fouché et Davout la trouvaient inopportune.

Pour pousser Napoléon hors de Malmaison, on lui garantit que deux frégates l'attendaient à Rochefort pour le conduire aux États-Unis, qu'on lui procurerait des passeports anglais pour assurer la sécurité de sa traversée, qu'on lui fournirait un mobilier pour une maison de ville et une maison de campagne, une bibliothèque, de l'argent, tout ce qu'il voudrait, bref il n'avait qu'à se laisser faire — et pour être plus sûr qu'il se laisserait faire, on chargea un général-député, que l'on croyait lui être hostile, de le conduire, fût-ce par la contrainte, à Rochefort et de l'y embarquer.

Mais, après avoir pris ces mesures, qui, en plaçant Napoléon hors du jeu, permettaient toutes les compromissions, on s'avisa qu'on écartait ainsi une carte qu'on pouvait jouer. Si Napoléon ne pouvait plus faire un empereur, ni un général, il pouvait faire un otage ou une victime expiatoire, et, en offrant de le livrer, on aurait vraisemblablement, de ceux-ci ou de ceux-là, des conditions plus avantageuses. Il convenait donc que Napoléon voyageât avec lenteur et, pour qu'on le tînt constamment sous la main, ordre est donné aux frégates de ne prendre la mer que sur de nouvelles instructions. Puis on cherche à tirer parti de l'otage ou de la victime. On en fait l'offre, elle est repoussée. Les Anglais n'avaient que faire qu'on leur livrât Buonaparte, ils comptaient bien qu'ils le prendraient. Déjà ils avaient décidé ce qu'ils feraient de lui. Sans se rallier aux procédés expéditifs de Blücher qui l'eût pendu, ils se fussent déchargés du soin de le tuer sur les Bourbons, lesquels, sur une simple constatation d'identité, eussent fait de lui une justice exemplaire. Tel était le thème de lord Liverpool, mais lord Castlereagh se rendit compte qu'il y avait encore des Français, et, d'accord avec Wellington, Pozzo di Borgo, Talleyrand et Fouché, il s'imagina trouver quelque moyen de faire durer la monarchie restaurée, en écartant de Louis XVIII les conseillers compromettants, en donnant des avis de modération et en enrayant la réaction que certains, à Gand, avaient rêvée terrible. Il fit donc observer, non sans justesse, que les balles dont on tuerait l'Empereur, ricocheraient si droit sur les Bourbons que, malgré les soldats anglais, prussiens, autrichiens, allemands et russes, la dynastie aurait grandes chances de périr, que la France se soulèverait toute contre la vilenie de tels bourreaux et que ce seraient là de grands risques. Lord Liverpool se rendit à ces raisons et décida qu'une fois pris, Napoléon Buonaparte serait déporté et emprisonné dans une île de l'Océan la plus éloignée de tout continent.

Restait à le prendre. — Sans doute les Anglais lui avaient refusé des passeports, et pour qu'il ne s'avisât point de s'embarquer d'autorité sur quelque navire de fortune, Fouché avait eu soin de lui cacher ce refus ; mais d'ailleurs Napoléon ne pensait point à cette sorte d'évasion qu'eussent pu lui procurer des hommes qui n'avaient rien reçu de lui ou si peu que rien et qui lui offraient de bon cœur leur vie et leur fortune. Sur toute la route, de Malmaison à Rochefort, secondant les projets de ceux qui marchandaient pour le vendre, il s'était à dessein attardé, espérant toujours que, chez quelques-uns de ceux qui gouvernaient, la honte, le patriotisme, le ressentiment amèneraient un ressaut, un éveil, un appel vers celui que le peuple et l'armée revendiquaient à leur tête et qu'alors il pourrait encore aux Européens conjurés montrer la face de Méduse.

Et, si cela n'arrivait point, au moins ne voulait-il pas quitter la France sous un déguisement, et s'évader à la façon d'un contrebandier traqué par la douane. Et ici intervenaient des souvenirs qui devaient dans sa décision jouer un grand rôle. D'enfance, il s'était habitué à penser que l'Angleterre était la terre hospitalière aux proscrits ; que quiconque en embrassait le sol se trouvait protégé par des lois les plus libérales qu'eussent librement instituées des hommes libres ; que, là, nul étranger ne pouvait être recherché pour ce qu'il aurait dit, écrit, tenté ou fait, en vue de servir ses idées politiques ; que, là, était l'asile inviolable et inviolé d'où nul potentat ne pouvait arracher ceux qui l'avaient insulté, vilipendé, provoqué, attaqué — fût-ce à main armée, fût-ce en complotant et en tentant son assassinat... N'était-ce point ce qu'on lui avait répondu à lui-même lorsqu'il avait réclamé des poursuites contre des Français émigrés conspirateurs et assassins ?

Comme si ce n'était rien que de telles assurances, il en avait bien d'autres qu'il tirait de ses traditions et de ses souvenirs d'enfance : n'était-ce point en Angleterre que Théodore de Neuhof, le roi de Corse, et Paoli, « le père de la Patrie », avaient trouvé une généreuse hospitalité ? — Et n'avait-il pas l'exemple de son propre frère, Lucien, auquel, à la vérité, on avait refusé la résidence de Londres, mais pour lui ménager l'habitation dans de beaux châteaux, avec tous les agréments de la villégiature : parc admirable, campagne verdoyante, société choisie, la chasse, les visites, les bals, les comédies — et l'astronomie par surcroît avec Herschell comme initiateur. On pouvait se contenter à si peu.

A partir du moment où se dissipa le prestige d'une revanche immédiate, Napoléon n'envisagea point sérieusement d'autre solution que l'hospitalité anglaise.

Cela ne faisait point l'affaire des Anglais, ils le voulaient prisonnier, non pas hôte. Seulement le prendre n'était point aisé ; un seul vaisseau anglais surveillait, plus qu'il ne bloquait, la rade de Rochefort et les pertuis de l'île d'Aix. Que, par un sacrifice pour lequel les hommes étaient prêts, une des frégates se jetât en furie sur l'Anglais, elle périrait sans doute — et qui sait? — Mais l'autre frégate, ou une corvette, ou un brick, courrait vers la haute mer emportant une fois de plus César et sa fortune...

Le commandant anglais réclamait des renforts que le chef d'escadre ne pouvait lui envoyer. Pour immobiliser Napoléon à l'île d'Aix, il usa de ruse, entra en négociation et, sans toutefois s'engager autrement que par une opinion personnelle, il fit entendre qu'il ne doutait point de l'accueil que Napoléon trouverait en Angleterre, qu'il ne doutait point de la générosité de sa nation, de l'opposition que ferait cette nation à tout acte despotique du régent ou des ministres. Peut-être était-il de bonne foi. Peut-être!... A coup sûr il sentait quels avantages lui procurerait cette victoire sans combat : emporter ce vivant trophée, sans avoir tiré pour le prendre un coup de fusil, sans avoir risqué de verser une goutte du précieux sang anglais, lui semblait un coup de fortune, et l'on peut croire que, voyant le but, il ne négligea point les moyens. Napoléon se contenta à peu de frais : nul des Français employés à la négociation n'a avancé que le capitaine Maitland eût pris un engagement au nom de son souverain : il n'en avait ni le pouvoir, ni l'assurance. Mais Maitland s'engagea bien davantage lorsqu'il reçut sur le *Bellérophon* les bagages de Napoléon, lorsqu'il vint au-devant de l'Empereur à la coupée l'accueillir et lui faire les honneurs. Loin que son chef, l'amiral Sir H. Hotham l'ait blâmé, on le vit, par ses actes, redoubler les promesses d'accueil qu'avait faites son subordonné, et montrer une déférence qui, pour Napoléon, était pleine de promesses : à peine entré en rade, il rend visite à l'Empereur, il dîne avec lui, et c'est l'Empereur qui traite, ce sont ses gens qui servent, et, comme « personne royale », l'Empereur prend le pas sur tous. Lorsque, à son tour, Napoléon vient sur le *Superb*, il est reçu en souverain et, sauf le canon, il en reçoit tous les honneurs.

Dès le moment où le capitaine qui commande le *Bellérophon*, où l'amiral qui commande la division, ont accueilli l'Empereur comme un hôte; dès le moment où ils ont accepté d'expédier, sur un brick de la station, un officier d'ordonnance de l'Empereur porteur d'une lettre au prince régent; dès le moment où l'Empereur a mis librement le pied sur le pont du *Bellérophon*, qu'il s'est placé sous la protection du pavillon britannique et que cette protection ne lui a été déniée ni par le commandant du navire, ni par l'amiral chef de l'escadre; de ce moment, quoi qu'on fasse ou quoi qu'il arrive, Napoléon a acquis une position légale qui ne peut lui être légalement contestée : il est l'hôte de l'Angleterre, il n'en est point le prisonnier.

Peu importe qu'on dise ensuite qu'il était contraint à cet unique parti et qu'il n'en eût pu prendre un autre : sans doute, au moment où il a quitté l'île d'Aix, tout lui manquait ensemble : des ordres, arrivés de Paris où les Bourbons étaient rentrés et où leur gouvernement était rétabli, enjoignaient au préfet maritime et au chef de la division de rentrer les frégates au port, de détenir Napoléon à bord de celle sur laquelle on le croyait embarqué, d'interdire toute communication avec la terre, et d'attendre des instructions. Ces instructions, deux hommes les apportaient : l'un capitaine de frégate à vingt-huit ans par la grâce de l'Empereur, l'autre général de brigade à vingt-neuf ans : c'était de remettre Napoléon aux Anglais et si le commandant de la frégate française refusait de livrer l'Empereur, c'était, aux vaisseaux anglais qui attaqueraient cette frégate, d'adjoindre toutes les forces françaises de terre et de mer pour écraser les rebelles.

Trente-six heures plus tard, cette page d'infamie eût été écrite dans l'histoire : par un hasard auquel, à Rochefort, civils et militaires — et Fouché même

— collaborèrent, Napoléon était parti lorsque M. le commandant de Rigny et M. le général du Coëtlosquet chargés des ordres des ministres de la Marine et de la Guerre arrivèrent de Paris.

En quoi ces faits postérieurement connus changent-ils la position de droit? Napoléon arrivant en Angleterre n'est point un prisonnier de guerre et ne peut être traité comme tel; il n'est point davantage un prisonnier d'État, puisque la loi anglaise n'admet point qu'un homme puisse être détenu pour raison d'État, sans un ordre régulier d'emprisonnement délivré par un magistrat pour des causes énoncées. Si cet ordre n'existe point, le détenu peut être réclamé par tout magistrat sollicité de lancer contre ceux qui le détiennent un writ d'*habeas corpus*. Et cette situation légale est si bien reconnue par les ministres que pour se soustraire à la loi et la tourner, ils combinent une suite de manœuvres qui montrent ce que vaut la légalité entre des mains habiles.

Le *Bellérophon* a mouillé à Plymouth le 22 juillet; on craint l'affluence, la sympathie, l'enthousiasme; ordre d'aller à Torbay. Le *Bellérophon* y est le 23; les manifestations sont de plus en plus vives; ordre brusque, exécuté le 26, à trois heures du matin, de revenir à Plymouth, où le vaisseau sera mieux surveillé. En effet, il est accosté de deux frégates et nul n'a licence d'aborder. Mais, de tous côtés, des embarcations l'entourent; ce sont des cris, des hurrahs, des bouquets d'œillets rouges que brandissent les femmes, malgré que les chaloupes des vaisseaux, dans leurs rondes continuelles, chargent, à briser les avirons. Les ministres, l'amiral, les commandants de vaisseau frémissent à l'idée d'un writ d'*habeas corpus* que décernerait un juge empressé et peu soucieux de flatter le ministère. Un homme de loi est signalé par télégraphe. Aussitôt, le vent défaillant, toutes les chaloupes sont commandées pour remorquer le *Bellérophon* hors du port. Une seule fait l'arrière-garde avec la consigne d'empêcher par tous les moyens le redoutable homme de loi d'arriver au vaisseau. Mais cet homme de loi qui n'est point tant sot, et dont, par malheur, le nom échappe, change ses batteries, et, débarquant, il rembûche à sa maison l'amiral, qui, prévenu, fuit par une porte de secours, arrive au port, saute dans une barque, et, suivi de près par l'homme qui a trouvé lui aussi un canot, parvient à son vaisseau amiral, grimpe à la coupée, descend par l'escalier de bâbord et, de nouveau en barque, se fait conduire en rade. Il échappe ainsi au spectre de la Loi. Et le *Bellérophon*, croisant dans la Manche, attendra à distance des ports et des lois, que le *Northumberland*, qui doit conduire à Sainte-Hélène Napoléon Buonaparte et les soldats chargés de le garder, ait achevé ses préparatifs ; on fera le transfert en mer ou dans une baie écartée, hors de la vue des hommes qui ne sont pas du complot. Le *Bellérophon* attend aussi que, avec les souverains d'Europe, l'Angleterre ait signé une sorte de traité par lequel Napoléon, déclaré prisonnier, sera remis entre ses mains avec pleine autorisation de prendre toutes les mesures pour qu'il ne puisse échapper. Lord Castlereagh, en négociateur économe et avisé, avait pensé requérir que les puissances contribuassent par un subside aux dépenses qu'exigerait l'internement de Buonaparte, mais il se ravisa. Ne serait-ce point leur donner un droit de surveillance et de contrôle? Ne serait-on point obligé de justifier les dépenses et de fournir des explications? Toute réflexion faite, mieux valait que l'Angleterre payât seule sa gloire : au fait, elle lui rapporterait assez, car, seule à présent, elle dominerait les mers et absorberait à son profit le commerce du monde. On consentit seulement que les Puissances alliées déléguassent chacune un commissaire qui serait uniquement chargé de constater la présence de Napoléon à Sainte-Hélène, sans avoir avec lui aucune communication et sans prendre aucune responsabilité quant à sa garde. Le roi de France, par grâce — car il ne participait point au traité — aurait la faculté d'envoyer aussi un commissaire.

Ainsi fut réglé le sort de Napoléon et c'est là tout ensemble une des plus étonnantes conceptions juridiques qui se puissent imaginer et le plus audacieux mensonge de la force. Par le traité conclu le 11 avril 1814, à Fontainebleau, entre les représentants de Napoléon et ceux des Puissances alliées, traité ratifié par tous les souverains, par le gouvernement provisoire, puis par le roi de France, Napoléon a abdiqué la couronne impériale et la couronne royale d'Italie moyennant certaines stipulations en sa faveur, en faveur des membres de sa famille, en faveur de ses serviteurs. Aucun de ces engagements n'a été rempli ; on a formellement, et au moins à trois reprises, tenté de l'assassiner ; y ayant échoué, on a résolu de l'enlever de l'île d'Elbe dont la possession lui a été garantie, et de le déporter aux Açores, aux îles du Cap-Vert ou à Sainte-Hélène. Il l'a su, et menacé de toutes parts, sans moyen de vivre, de subsister, et de se défendre, il est venu en France attaquer celui qui, vis-à-vis de lui, a violé toutes les clauses du traité. Faute d'exécution, tout traité est nul : c'est le cas. Croyant avoir obtenu la neutralité des Anglais, s'imaginant que ses liens de famille avec l'Autriche subsistaient, il s'est fait l'illusion que ce serait affaire entre les Bourbons et lui et que l'Europe ne s'en mêlerait point. Mais, sur le coup, les représentants de Louis XVIII ont obtenu du Congrès de Vienne, non encore dissous, la déclaration qui le vouait « à la vindicte publique » et le mettait au ban des nations. On n'avait garde de justifier un tel arrêt, si étrange dans ses considérants, si bizarre dans sa formule exécutoire, qui équivalait à un appel à l'assassinat. Un mur fut dressé entre lui et l'Europe, de façon qu'il ne pût faire parvenir ses plaintes ni ses raisons. Pourtant, lorsqu'un des princes Bourbons devint son prisonnier, d'un geste généreux et las, il le laissa partir sans lui imposer qu'une clause — qui ne fut point remplie. Il put être généreux à son aise : on n'a point à l'être pour lui. D'un trait de plume, on le change d'hôte en prisonnier; et, pour prison, on lui assigne un îlot le plus éloigné de toute terre : le tuer serait plus simple, mais d'abord on n'ose pas; ensuite il y a ce qu'on nomme la philanthropie; enfin, malgré qu'on l'ait voué à la « vindicte publique », quel tribunal, fût-ce de rois, se reconnaîtrait compétent pour le juger?

Contre un tel abus de la force, quel remède? Sans doute, diront les contempteurs de Napoléon, le subir d'une âme sereine, accepter la déchéance, la déportation et la réclusion, et acheter par une soumission au moins apparente la complaisance des geôliers? Est-ce cela? Faut-il que l'Empereur accueille d'un sourire gracieux ceux qui viennent lui notifier l'arrêt porté par les ministres anglais et ratifié par les rois d'Europe? Faut-il qu'il agrée avec reconnaissance le nouveau protocole par quoi il est dépouillé du titre d'empereur et revêtu du grade de général? Mais alors, tout ce qu'il fut, il le renie — et il renie ce que depuis un quart de siècle la nation française a résolu dans son indépendance et qu'elle a accompli dans sa force; il renie la Révolution dont il procède et la société nouvelle qu'il a constituée; il renie la dynastie qu'il a fondée, et son fils que la nation et l'armée viennent d'acclamer empereur; il renie ses aigles qui, essorant dans l'azur au lendemain du couronnement, ont montré à ses soldats les routes de toutes les capitales et qui n'ont ralenti leur vol que par la conjuration des éléments, des rois et des traîtres; il se renie lui-même dans le passé et il renie sa race dans l'avenir...

S'il ne s'y incline point, c'est alors, à toute occasion, en toute circonstance, à propos de tous les mots qu'on lui adresse, de tous les traitements qu'il reçoit, la nécessité de protester. Il n'est point le prisonnier des Anglais ni de l'Europe, il est venu librement à bord du *Bellérophon*; il est l'hôte de l'Angleterre. Si les Anglais ont abusé de la force à son égard, s'ils ont flétri leur pavillon, s'ils ont prouvé quel cas il faut faire de leur liberté, c'est leur affaire : ils ont la force, mais lui a le droit, et il élèvera constamment sa protestation contre l'oligarchie britannique, exécutrice des basses œuvres de l'oligarchie européenne.

Lui, les siens, tout ce qui le sert et qui l'entoure, revendiqueront constamment ce titre d'empereur que le peuple français lui a décerné et que la consécration pontificale a rendu indélébile. Il sera l'Empereur, pour ses quatre compagnons et ses douze domestiques; il s'entourera de la même étiquette qu'aux Tuileries, à Schœnbrunn, à Postdam, au Retiro, au Kremlin, plus étroite même et plus méticuleuse, car rien ne doit être omis ni supprimé des formes de la souveraineté qu'on lui conteste; par rien il ne doit laisser passage aux familiarités ou aux irrespects. Au bivouac, lorsque le service manquait et qu'il partageait la soupe de ses grognards, il était l'Empereur; il sera l'Empereur, dans deux chambres sous l'équateur; deux chambres où, sur les murs rongés de salpêtre, le papier de tapisserie pend lamentablement, où le parquet de planches pourries, à même le sol, est troué par les rats comme une écumoire; il sera l'Empereur, assis sur un fauteuil de bois, comme jadis sur son trône d'or, et ce qui fait à présent sa cour, quatre hommes, deux femmes, un enfant, se tiendront debout devant lui, en grand uniforme ou en toilette de gala, prêts à recevoir ses ordres et à lui rendre les menus services de leurs charges. Les gens, dans la même livrée qu'aux Tuileries et à Saint-Cloud, serviront le dîner qui sera de trois ragoûts insipides dans la même vaisselle plate, ils serviront le dessert dans le même vermeil ou le café dans le même Sèvres; l'Empereur, quoi qu'aient décidé le prince régent d'Angleterre, les empereurs de Russie et d'Autriche, les rois de Prusse et d'Espagne, reste l'Empereur; et quiconque sollicite de l'approcher, doit demander audience au grand maréchal et être introduit soit par lui, soit par un des généraux faisant office de chambellans. — Sinon non.

Par là, Napoléon échappe à la déchéance. L'attitude impériale à laquelle il se contraint sauvegarde, en même temps que sa dignité, les droits que lui a conférés la volonté quatre fois manifestée de la nation et qu'il doit transmettre intacts à son fils : elle s'oppose aux prétentions des souverains qui se disent légitimes; elle déchire l'acte d'infamie qu'a édicté l'Angleterre; mais par quelle contention de l'esprit, par quel isolement, par quelles angoisses, par quelles luttes elle devra être achetée; comme il faudra surveiller tous les gestes, toutes les paroles, tous les écrits, se priver volontairement de toute société, soutenir constamment la guerre avec le geôlier, quel qu'il soit, que préposera l'Angleterre; surtout surveiller, contenir, soutenir l'entourage pour lui imposer une telle consigne...

Cet entourage est singulièrement médiocre : le gouvernement anglais a passé à l'Empereur de choisir parmi ceux qui l'ont accompagné jusqu'à Plymouth, trois courtisans — quel autre mot employer? — et douze domestiques. Exception est faite contre les généraux Savary et Lallemand qu'a proscrits la justice royale de France. Ceux-là Napoléon ne peut les emmener. Peu importe que l'un des deux au moins puisse être particulièrement agréable et utile. Il est réclamé pour l'échafaud bourbonnien et ce n'est que sur un effort de la loyauté de Maitland, déclarant qu'il leur a promis asile, qu'on ne les livre point à la mort.

Savary donc est écarté qui, depuis quinze ans, depuis le lendemain de Marengo, était aide de camp de Napoléon et, quoique en subalterne, avait part à sa confiance. Hormis lui, un seul semblait désigné et, plus à cause de ses fonctions qu'à cause de son habitude avec Napoléon : Bertrand, grand maréchal du Palais depuis la mort de Duroc, aide de camp depuis décembre 1804, mais très souvent chargé de missions qui le tenaient hors de la Cour : commandant de corps, gouverneur des provinces Illyriennes, etc.; comme grand officier de la Couronne, il était l'unique personnage représentatif qui accompagnât l'Empereur. D'une parfaite et froide correction par quoi il couvrait un tempérament violent et un extrême entêtement, il avait à quarante-deux ans, tout ce passé de services et de gloire. Il eût été fort bien n'était sa femme qui l'avait accompagné; non que Mlle Dillon, d'une des meilleures familles d'Irlande, apparentée à ce qui était le mieux en Angleterre, ne fût charmante de visage, parfaitement honnête, femme du plus grand monde et nullement telle que la voulut montrer sa cousine Mme de Boigne, mais, avec ses vingt-neuf ans, elle était capricieuse, d'une inexactitude réglée, et qui déjà avait amené des orages à l'île d'Elbe. Elle aimait follement son mari qui le lui rendait exactement, mais elle aimait plus sa personne que sa gloire : car, après avoir tout tenté pour que le grand maréchal renonçât à suivre l'Empereur, elle alla trouver celui-ci même pour lui demander de ne point emmener son mari, et, ayant été refusée, elle fut à ce point affolée qu'elle se jeta à la mer. On la sauva; ce n'était pas moins un méchant début.

Pour les autres personnages qui avaient accompagné l'Empereur de Malmaison à Rochefort, puis sur le *Bellérophon*, et entre lesquels il devait à présent choisir ses compagnons, le hasard, la générosité d'un premier mouvement, la crainte de la proscription les avaient réunis, sans qu'il y eût entre eux la moindre intimité, et sans que l'Empereur eût avec eux d'anciennes relations.

Celui qu'il connaissait le mieux et dont il appréciait davantage la capacité militaire et l'aptitude à servir, était son premier officier d'ordonnance, le baron Gourgaud, que, en moins de cinq ans, il avait fait, de capitaine, général. C'était à n'en pas douter un excellent officier, mais d'une naissance obscure — il était le neveu de tous les Dugazon, des Français et d'ailleurs, — d'une éducation nulle, d'un caractère jaloux et inquiet, d'une légèreté que rien ne pouvait corriger, d'une brutalité spontanée de paroles et de gestes et d'une ambition sans frein, quoique visant des choses médiocres. Il avait toutes raisons de penser qu'il ne pouvait sans danger rester en France, c'est pourquoi, alors qu'un autre avait été désigné, il insista avec tant de violence qu'il l'emporta. Ce premier succès l'encouragea aux scènes de mauvais ton, et il y persévéra. Il faut noter qu'il était dans l'âge de toutes les passions : il avait à peine trente-deux ans.

Le comte de Montholon avait exactement le même âge, mais tandis que Gourgaud faisait son chemin à la force du poignet, par le travail et les actions de guerre, hors de la Cour et de ses petitesses, Montholon n'avait eu qu'à se laisser vivre. Beau-fils de ce marquis de Sémonville qui, sans en excepter un seul, avait occupé, sous tous les gouvernements, les places les plus importantes, il avait été adopté par lui et l'avait suivi d'abord dans ses ambassades, ce qui lui avait valu de relâcher en 1793 à Ajaccio et d'y connaître les Bonaparte. Il s'était avancé dans l'armée, étant aide de camp de généraux tels qu'Augereau, Klein, Macdonald (son beau-frère) et Berthier, mais cette constante faveur qui le tenait à l'écart de tout service de troupes, ne l'avait mené qu'à être, en 1809, adjudant-commandant. Il avait quitté alors, — à vingt-six ans — était entré dans la maison de l'Empereur comme chambellan et, trois ans plus tard [illegible]it été ministre plénipotentiaire près le grand-duc de Wurtzbourg. Ayant épousé clandestinement, malgré sa mère et l'Empereur, une femme sensiblement plus âgée que lui (elle avait trente-deux ans pour le moins en 1810), qui, après des aventures, avait divorcé, il avait été destitué de ses fonctions civiles. Les désastres survenant, il n'avait point montré un grand zèle pour servir militairement, ayant successivement refusé, pour raison de santé, deux emplois de son grade et n'ayant accepté que le commandement d'un département, celui de la Loire, où il semblait impossible qu'on eût à combattre l'étranger. Rallié dès la première heure aux Bourbons restaurés, mais faisant, le même jour, des protestations de dévouement à l'Empereur déchu, il fut nommé par le roi maréchal de camp et premier veneur, mais, à la suite d'incidents encore mystérieux, il perdit son commandement et, de Paris, il vint trouver à Fontainebleau l'Empereur revenant de l'île d'Elbe : cela seul le mettait dans le cas d'être jugé. Durant les Cent-Jours, il n'eut point de commandement dans l'armée, mais il redevint chambellan et, après Waterloo, il s'empressa à Malmaison où il amena sa femme qui, jusque-là n'avait point été présentée. Il s'offrit pour suivre l'Empereur, fut accepté et déclara qu'il emmenait sa famille. Son absence lui serait doublement utile : elle lui éviterait un jugement et permettrait qu'on prît des arrangements avec ses créanciers. Il en avait infiniment. Mme de Montholon, d'une famille de finance de Montpellier, ayant vécu jusqu'en 1809 dans le monde de la banque dont était son premier mari, M. Roger, n'avait rien, dans le ton ni les habitudes qui pût plaire à Mme Bertrand ; aucune liaison n'existait ni ne pouvait se former entre elles..

Par faveur grande, l'Empereur avait obtenu que, à ces trois officiers, on lui permît d'adjoindre un personnage civil qui tînt les fonctions de secrétaire: ce fut le comte de Las-Cases, qui, avec ses quarante-neuf ans, se trouvait le doyen de la colonie, et qui, pourtant, devait, par ses actes irréfléchis, prouver qu'il était presque autant impulsif que les plus jeunes de ses compagnons. D'une fort ancienne et noble famille originaire d'Espagne. M. de Las-Cases, lieutenant de vaisseau à la Révolution, avait émigré, participé même à l'expédition de Quiberon; rentré en France au Consulat, il s'était consacré alors à des études historiques et avait publié sous le pseudonyme de Lesage un *Atlas historique, chronologique et géographique*, dont le plan était ingénieux : en 1806, il avait offert cet atlas à l'Empereur, ce qui montre que, dès lors, quoi qu'on ait dit, il était rallié au nouveau régime; en 1808, il sollicitait vainement la croix de la Légion d'honneur; en 1809, il obtenait de former un majorat de baron au titre des corps savants; à la fin de la même année, il était nommé chambellan, « honneur qu'il sollicitait depuis longtemps ». Comme il entendait travailler, il se fit attacher comme maître des requêtes au Conseil d'État, remplit des missions pénibles en Illyrie, fut ensuite chargé de l'inspection des établissements de bienfaisance et, partout, laissa la réputation d'un homme attentif, instruit, plein de bonnes intentions et digne de faire partie de ce Conseil d'État où la probité, l'intelligence et le désir de bien servir semblaient établir un trait d'union entre les hommes venus des points les plus opposés. Il paraissait peu à la Cour et travaillait. En 1814, il se battit sous Paris à la tête de la 10ᵉ légion qu'il commandait; il se rallia tardivement aux Bourbons et ne fit pas beaucoup d'efforts pour obtenir la récompense de ses anciens services : toutefois, il demanda la place de conseiller d'État qu'il n'eut pas et il reçut à l'anciennoté le grade de capitaine de vaisseau honoraire. L'Empereur, lors de son retour, le nomma enfin conseiller d'État et le vit avec plaisir remplir à l'Élysée, après Waterloo, les fonctions de chambellan. M. de Las-Cases s'offrit pour le suivre où qu'il irait; il accepta. Impulsion de dévouement, d'orgueil, d'ambition — on ne sait; mais l'orgueil, en ce cas, est de se montrer supérieur à la fortune, et l'ambition de s'attacher à un grand homme malheureux. M. de Las-Cases, en tout cas, fut tout de suite l'homme de ressource de l'Empereur; à la grande colère de certains, il devint son confident, et comme il avait emmené son fils âgé de quinze ans, qui lui servait de secrétaire, il pouvait sans y succomber soutenir l'abondance de travail dont l'Empereur le surchargeait.

Ce fut à peu près tout l'entourage, sauf à compter avec le chirurgien du *Bellérophon*, M. O'Méara qui remplaça le médecin amené de France, lequel refusait de s'expatrier, et avec les serviteurs, certains depuis huit à dix ans au service de l'Empereur comme Saint-Denis, Pierron, les Archambauld, d'autres entrés tout récemment, comme Gentilini qui venait de l'île d'Elbe, la plupart d'un dévouement entier, d'une admirable fidélité, d'une probité scrupuleuse, d'une intelligence au-dessus de leur condition, — Et tel est le cas pour Marchand et Saint-Denis, mais ils étaient hommes eux aussi et par là susceptibles de jalousie, de passion et de nostalgie.

Ces vingt personnes allaient être contraintes de vivre ensemble, sous le même toit, aux mêmes tables, dans une intimité de tous les instants, dans une promiscuité où les caractères doivent s'exaspérer, à moins qu'une admirable éducation, une parfaite courtoisie, un dévouement à toute épreuve et un entier désintéressement ne triomphent à chaque instant des misères petites et grandes, des heurts même involontaires, des taquineries de l'Empereur qui, taquin dès son jeune âge, comme sa sœur Pauline, n'aimait rien tant qu'un tel genre de plaisanteries, amusantes seulement pour qui les fait.

Il faut que ces vingt personnages venus de tous les points de l'horizon et de tous les coins de la société, soient assez bien doués, pour comprendre, pour saisir en toutes ses nuances, pour exécuter avec une raideur qui parfois s'adoucisse de façon à obtenir des nouvelles, des renseignements, des cancans et des espérances, pour subir enfin cette consigne impériale à laquelle est subordonnée la majesté de la proscription. Il faut qu'ils parlent, agissent, écrivent en se surveillant constamment, en essayant plutôt d'adoucir l'Empereur que de l'irriter, qu'ils portent une attention toujours éveillée à éviter les conflits et surtout qu'ils renoncent à faire leur cour en rapportant au maître des menus faits de nature seulement à provoquer ses colères. Quelle diplomatie, quelle adresse, quelle modération, quel sens des nuances, quelle perfection dans l'éducation, quel désintéressement, quelle égalité de caractère il leur faudra — surtout quelle continuité de dévouement! Nul des petites cours exilées n'a été à l'abri des rivalités, des jalousies, des batailles autour de la faveur du maître, mais ici ce n'est pas seulement un exilé, un proscrit, mais un prisonnier et la prison aura un geôlier.

De la part de ce geôlier ne faudra-t-il pas, pour que l'Empereur vive seulement en paix, pour qu'il ne soit pas contraint à une continuelle révolte, pour que tel qu'il est, lui qui a été le maître de l'Europe, il ne se sente point outragé par chaque mot, chaque acte de son gardien et qu'il ne s'emporte point en de terribles colères, ne faudra-t-il pas au geôlier un tact, une éducation, un sens des nuances, une élasticité des formes, une souplesse des moyens qui, tout en maintenant intacts les privilèges que l'Angleterre s'est arrogés, tout en observant dans son esprit la consigne que l'Angleterre impose, apportent à la lettre des tempéraments, mettent du moelleux dans les rapports, trouvent des intentions ingénieuses, enveloppent la rigueur des règlements et, en écartant les mesquineries et le tatillonnage, rendent à l'Empereur même, dans sa prison, l'hommage d'admiration que lui peut offrir sans danger, un ennemi désormais triomphant. Nul à coup sûr ne peut prétendre à être agréable, mais c'est assez qu'il se rende supportable et que, par des égards, par la conscience de la disparité des situations et de leur invraisemblance, par la juste appréciation des mérites respectifs, par un retour sur soi qui range les êtres à leurs plans, l'officier général chargé de la garde de Napoléon, prenne l'attitude d'un soldat honoré par son prince d'une mission redoutable : et c'est de détenir sous sa responsabilité, l'un des plus grands, sinon le plus grand soldat de tous les âges, avec la certitude que, quoi qu'on fasse, on ne le contentera pas, et la conviction que de ses actes on ne sera point comptable seulement aux ministres, au prince et à son pays, mais à l'Histoire.

Certes, étant donné le caractère anglais, le choix était délicat; mais il ne manquait, ni dans la marine, ni dans l'armée britanniques, d'officiers généraux qui, par leur naissance, leur éducation, leur passé militaire, leur aptitude à conduire des hommes, leur connaissance de la langue, des usages, de l'histoire des Français, fussent en mesure de tenir le poste avec décence, sinon avec distinction. Le ministère anglais ne parut point s'inquiéter de tout cela : peut-être n'avait-il pas le choix, car de telles fonctions ne sont d'ordinaire ni enviées, ni enviables; peut-être ne se fût-il point rencontré dans l'aristocratie anglaise, qui seule fournissait alors aux hauts grades de l'armée, un officier général disposé à accepter cette mission, mais on ne la proposa à qui que ce soit. Dès le premier jour, le choix du ministère était fait et il s'était porté sur un major général qui était bien peut-on croire le seul de son espèce dans l'armée anglaise.

Fils d'un chirurgien de régiment — et si en France la position était médiocre, qu'était-ce en Angleterre ? — né en garnison, ayant fait son éducation en suivant le régiment de son père aux Amériques et ailleurs, pourvu par grâce d'une enseigne, Hudson Lowe avait servi d'une façon impeccable; il n'avait qu'une loi : la consigne, et il se torturait à la pensée qu'il y pourrait manquer. Sans fortune, sans parenté, sans appui, il était parvenu par ce formalisme réglementaire au grade de lieutenant. De Gibraltar, sa première garnison, il vint à Ajaccio lorsque la Corse se donna au roi d'Angleterre et s'érigea pour lui en royaume. Il s'y habitua avec les Corses et entra et resta si bien en relations avec eux que, après l'évacuation, étant en garnison à Minorque, en 1799, il fut chargé, avec le grade de capitaine, d'organiser, moyennant des Corses rebelles à la France qu'il avait recrutés, un bataillon de deux cents hommes qui fut appelé *Corsican rangers*. Il mena ses Corses en Égypte contre les Français, à la suite de sir Ralph Abercromby, mais il ne semble point s'être distingué, de manière à être cité dans ces affaires, les premières auxquelles il prit part. En 1803, après diverses missions secrètes, notamment en Portugal, il fut chargé de lever en remplacement de son bataillon de *Corsican rangers*, dissous à la paix d'Amiens, un régiment entier qui reçut le nom de *Royal Corsican rangers* et qui, composé presque exclusivement d'officiers et de soldats corses, joua un certain rôle dans les guerres dont la Méditerranée fût le théâtre, de 1805 à 1814. Cela fit d'étranges rencontres, car Murat avait aussi bien des Corses dans son armée, et il avait recruté en Corse sa police que dirigeait un Corse, Saliceti. De là, dit-on, certains succès. Hudson Lowe qui, avec ses Corses et des Maltais, tenait l'île de Capri, y fut attaqué par Lamarque avec une telle vigueur, et il se défendit, dans cette position inexpugnable, avec une telle mollesse qu'il capitula après douze jours de siège. Ce fut là, semble-t-il, sa plus notable action de guerre ; en 1809, il prit part, toujours avec ses Corses, à l'expédition contre les îles Ioniennes, où il resta en qualité de gouverneur de Céphalonie. Sa manière stricte, probe, réglementaire de servir et de faire servir, lui avait valu successivement les grades de major, de lieutenant-colonel et de colonel — mais toujours avec cette infériorité du *Foreign Service*, qui ne le faisait point compter dans l'armée régulière. En 1812, ayant pris pour la première fois un congé après vingt-quatre ans de service, Lowe, tout en gardant le commandement nominal des *Corsican rangers*, qu'il eut jusqu'en 1817 où le corps fut licencié, fut chargé de diverses missions d'inspection, de surveillance et de police, notamment vis-à-vis de la Légion russo-germanique qu'on devait former de déserteurs des régiments de la Confédération, puis des légions levées, en Allemagne même, toujours à solde anglaise. En octobre, il fut attaché à l'état-major de Blücher où nul officier ne pouvait tenir à cause du caractère du chef. Il y tint, et il y plut, si bien que, de Paris, Blücher l'envoya porter au prince régent la nouvelle de la capitulation. La nouvelle lui valut la commanderie du Bain, le titre de knight, et le grade de major-général. C'était le prix de la course, car, à tout ce qui avait été guerre, sir Hudson Lowe n'avait eu aucune part. En juin 1815, on l'envoya en Belgique, près de Wellington qui se hâta de se débarrasser de lui, et, de là, à Gênes, pour commander les troupes anglaises qui devaient envahir le midi de la France et qui, sans coup férir, virent Marseille et Toulon arborer le drapeau blanc. Ce fut à Marseille que sir Hudson Lowe reçut la proposition d'aller à Sainte-Hélène servir de geôlier à Napoléon. — On lui offrait le titre de lieutenant-général (non le grade —, il y avait alors en Angleterre deux listes, l'une pour le *Local rank*, l'autre pour l'*Army rank* et celle-ci seule donnait le grade — si bien que Hudson-Lowe se qualifiant et qualifié partout lieutenant-général ne le fut réellement que le 22 juillet 1830) — on lui offrait donc le titre de lieutenant-général, un traitement de 300.000 francs (12.000 st.), plus tous les agréments de logement, de serviteurs, de rations qu'avaient eus à Sainte-Hélène les gouverneurs pour la Compagnie des Indes; il aurait ainsi tous pouvoirs pour assurer la garde de son prisonnier qui ne dépendrait que de lui et serait placé sous son unique responsabilité. Hudson Lowe accepta. Il vint à Londres en hâte et cet homme, qui avait atteint quarante-six ans sans pouvoir penser à fonder une famille, car il n'en avait aucun des moyens, ni d'argent, ni de relations, s'empressa, à présent qu'il était assuré d'un gros traitement et d'un haut grade, qu'il apportait à sa femme la qualification tant souhaitée de lady, de rechercher une alliance qui le rehaussât. Il épousa une sœur du major général sir William de Lancey, un des héros de Waterloo, veuve, avec deux filles à marier, du lieutenant-colonel William Johnson. C'était une femme fort jolie encore, parfaitement agréable et qui était du monde : lui n'en était pas, et il n'en fut jamais. Wellington disait à lord Stanhope : « Il n'était pas méchant de nature, mais il ignorait tout du *monde* et, comme tous les gens qui ne savent rien du *monde*, il était soupçonneux et jaloux. » Cela explique tout et c'est la formule de son caractère. Que Wellington dise ensuite : « Il était un homme manquant d'éducation et de jugement » ; qu'il dise : « Il était un homme stupide » ; cela ne peint point comme l'autre mot : on peut être stupide et être *du monde ;* on peut manquer de jugement, même d'éducation, bien que ceci ait l'air d'un paradoxe, et être *du monde ;* mais *ne point être du monde*, cela, qui est impalpable, indéfinissable, mais sensible à première vue et définitif, cela explique toutes les sottises, toutes les impropriétés de mots, de termes, d'actes et de démarches, tout ce qui déplaît, froisse et exaspère. Et c'est l'homme, ainsi caractérisé par le généralissime des armées anglaises, que, sans ombre d'hésitation, le ministère anglais désigne pour être le geôlier de Napoléon. Pourquoi ? Parce qu'il a commandé les *Corsican rangers* et que dès lors on lui suppose la connaissance du caractère corse. — Et, par là, les ministres mettent sur la même ligne et au même niveau le Général, le Consul, l'Empereur et le ramas de déserteurs et de rebelles qu'ils ont eus à leur solde... Parce que nul officier anglais ne professe une telle religion de la consigne, un tel fanatisme du règlement, une telle folie de la lettre et que les ministres sont assurés que par lui leur prisonnier sera gardé, observé, épié nuit et jour sans une seconde d'inattention... Parce que Lowe, officier de fortune, parti de rien et n'ayant que ses appointements, ne sera en aucun cas susceptible d'indépendance, recevra et exécutera sans broncher tous les ordres, subira toutes les semonces et toutes les leçons des ministres en même temps qu'il essuiera toutes les rebuffades et les colères de l'Empereur. On le tiendra toujours, et comme il n'a nul appui ni nulle parenté, qu'il vienne un jour à être gênant ou simplement à déplaire, on le sacrifiera, on le fera disparaître, et tout sera dit.

Ainsi voici l'individu : un Anglais, convaincu

que l'Anglais est, en soi, supérieur à tout homme et mieux certain encore de cette vérité par l'habitude qu'il a prise de commander à ses Corses; un Anglais, adorateur émerveillé de la hiérarchie sociale anglaise, dont il a hier franchi le premier échelon, n'espérant point monter plus haut, là où planent en leur ordre traditionnel les hommes et les femmes titrés, supérieurs d'essence et de dignité à tout être, quels que soient son titre et sa qualité, qui n'est pas Anglais; un Anglais qui, malgré ses longs services au dehors, a conservé une mentalité toute anglaise, n'a accepté ni la Révolution ni l'Empire, n'y voit qu'une révolte contre le souverain légitime. — Est-il besoin même d'être Anglais, n'est-ce pas la façon de penser, de parler et d'agir, familière aux Français émigrés ? — Et il estime par suite que c'est faire bien de l'honneur à Buonaparte le traiter de général, car il n'a été que général des insurgés. Qu'on mette avec cela l'étoffe, l'éducation, la prolixité d'écritures d'un portier-consigne qui fut vingt-huit ans adjudant; qu'on y joigne, comme chez certains qui passèrent leur vie en subalternes, la terreur des responsabilités. Cette terreur à des moments le rend fou, lui donne les gestes, les silences, les allures de corps, les brusques départs d'un insensé, le jette en des colères où il n'a plus conscience de ce qu'il dit et fait, lui inspire les projets, des programmes, des consignes, des discours, des dépêches où les contradictions, les répétitions, les discussions, les apologies s'accumulent de façon à lasser toute patience, où les arguties de procureur s'emmêlent à d'interminables prêches d'un pasteur anglican : on est débordé, ahuri, assommé par cette littérature qui coule indéfiniment et par cette manie qui entretient une guerre de plume où les Français s'énervent, cassent les vitres et se donnent les torts.

Voilà les personnages qui vont se trouver rapprochés par de quotidiens contacts ; voilà le terrain sur lequel on combattra chaque jour et chaque minute. Napoléon ne voulant point admettre qu'il soit prisonnier, ne voulant point recevoir le titre de général, ne voulant point subir les règlements de prison que les ministres anglais et sir Hudson Lowe veulent lui imposer sous le nom de restrictions.

Et ce débat continuel s'agitera sous l'équateur ; dans ces conditions climatériques qui provoquent chez les Européens les haines, les jalousies, les violences qu'ont rendues à présent trop familières les diverses expériences coloniales ; il s'agitera entre hommes inoccupés, oisifs, nullement préparés à une telle vie et n'ayant aucun souci de l'hygiène ; il se compliquera de quantité de personnages accessoires : commissaires de Russie, d'Autriche et de France qui cherchent à grossir leur importance, à pêcher des nouvelles, à obtenir des confidences ; subalternes anglais, les uns raffinant sur leur chef en grossièreté et en violences; les autres cherchant à tirer parti de la situation, en servant soit d'espions au gouverneur, soit d'agents à l'Empereur; puis les fournisseurs, les habitants, les voyageurs, les nègres, les Chinois; des figurants en nombre presque infini, dont beaucoup ont un rôle d'utilité.

Par là, ce drame très simple se complique extrêmement et, pour en rendre un compte même très bref, il faudrait plusieurs heures. En voici seulement les phases essentielles :

La première, c'est le séjour de Napoléon aux Briars. L'amiral Cockburn, qui a amené Napoléon sur le *Northumberland*, commande en chef : c'est un homme de bonnes formes, bien né, ayant brillamment servi, qui a des attentions pour son prisonnier et le traite avec les égards qui conviennent. Aux Briars, dans le jardin du négociant Balcombe, est un petit pavillon (dix-huit pieds de long sur quinze de large) où, seul avec l'Empereur, Las-Cases trouve abri. La vallée est abritée, la végétation luxuriante, « c'est une espèce de petite oasis au milieu des rochers ». Toute la suite est restée au port, à James-Town, où, dans l'ennui et l'oisiveté, les disputes commencent. Ce premier séjour — d'un mois et vingt-quatre jours — est, sinon agréable, car l'Empereur est privé de bien des choses, du moins tranquille et sain.

Le 10 décembre 1815, on monte à Longwood,

où le site, l'installation, l'air, l'eau, tout déplaît; où sur un plateau sans végétation, on est exposé à tous les vents du large. La colonie s'y rassemble, et déjà l'entente est médiocre; mais l'amiral est toujours là, il donne des facilités et des agréments. L'Empereur voudrait davantage et rompt cette sorte de trêve où, sans rien céder, les deux parties ne cherchent point la bataille. Une première escarmouche a lieu où, à une lettre singulièrement vive que dicte Napoléon et que signe Montholon, Cockburn répond brutalement : mais cela se passe, peut-on dire, dans la coulisse, et les formes extérieures ne sont point troublées : « Comme geôlier, dira Las-Cases, l'amiral a été doux, humain, généreux; nous lui devons de la reconnaissance, mais, comme notre hôte, il a été généralement impoli, souvent pire encore et nous avons lieu d'en être mécontents et de nous plaindre. » Cela est injuste et se réfute de soi. La santé de l'Empereur n'est plus aussi régulière et, pour beaucoup de raisons, elle va s'altérant. Cette période, relativement douce encore, s'étend jusqu'à l'arrivée d'Hudson Lowe à Sainte-Hélène, le 16 avril 1816.

Là commence l'enfer. Les tracasseries, les inquiétudes, les soupçons, les intempestivités du gouverneur se heurtant aux colères, aux violences, aux injures de l'Empereur. Lowe a reçu des ministres des ordres rigoureux; il ajoute encore à leur rigueur; il déploie en toute son ampleur son caractère, et, s'il s'avise de se rendre aimable, c'est pis :

il manque de tact, d'éducation, de monde et, d'une situation difficile, il en fait une insoutenable. Cependant, entre Français, dans ce resserrement de prison et dans ce perpétuel contact, les caractères s'aigrissent, les querelles naissent, les têtes s'exaltent; on forme des projets de correspondance; on se confie au premier venu. L'année n'est point révolue que l'un des compagnons de l'Empereur, le plus précieux, Las-Cases, est enlevé de Longwood, et Lowe paraît résolu à le renvoyer en Europe. Toutefois, il réfléchit, il offre à Las-Cases de rester. Mais, pour beaucoup de raisons, Las-Cases refuse (11 décembre 1816) : l'une de ces raisons est que la vie est devenue étrangement difficile avec certain de ses compagnons de captivité.

Ils sont réduits à trois, mais, en même temps que redoublent les querelles avec le gouverneur, les jalousies et les colères de Gourgaud rendent l'existence insupportable à l'Empereur, à Bertrand et à Montholon. — Sur celui-ci, bien des réserves à faire, mais cela mènerait loin. — Le dénouement, c'est le départ de Gourgaud, le 13 février 1818.

J'ai dit ailleurs quelles avaient été les conséquences de ce départ. Si l'Empereur avait pu se flatter que l'opinion publique européenne contraindrait les souverains à adoucir sa captivité, c'est tout le contraire qui se produit : les règlements sont renforcés et resserrés; on lui enlève (25 juillet 1818) le chirurgien irlandais qu'il avait attaché à sa personne et qui, piètre praticien à vrai dire, s'était, à présent, rendu complaisant pour les communications avec l'Europe. Son intérêt garantissait sa fidélité.

L'Empereur reste sans médecin, parce qu'il veut un médecin qui soit à lui et que Lowe veut que le médecin lui serve d'espion. Bertrand, peu à peu, s'écarte, cède la place à Montholon, qui l'occupe toute, qui rêve de l'immense fortune qu'il aura, Napoléon mort. Bertrand, avec sa femme et ses enfants, habite hors de Longwood. Il arrive tous les jours passer une heure chez l'Empereur, dîne parfois, mais sa femme, constamment souffrante, toujours en négligé, ne sort pour ainsi dire pas. L'entourage se réduit encore par le départ de Mme de Montholon (juillet 1819) que ne compense nullement, en septembre, l'arrivée de trois Corses : un chirurgien et deux prêtres, les moins faits pour tenir société à l'Empereur.

Il souffre ; il souffre horriblement, mais l'ignorance des médecins est impuissante à discerner la maladie, les maladies plutôt, maladie du foie et cancer avec ulcère de l'estomac. La maladie de foie antérieure amène des adhérences et le foie gonflé fait office de tampon après que l'estomac a été perforé. Cela prolonge sa vie — est-ce une vie ? — Dans les erreurs de leurs diagnostics contradictoires, les médecins, surtout le Corse, lui infligent des médicaments qui le torturent encore plus. Bientôt il se refuse à rien prendre de ce qu'on lui ordonne. Il se soigne à sa façon; il est au bain durant des heures; il ne s'habille plus, il passe la journée dans sa chambre close, rideaux fermés, un grand feu dans la cheminée; il a froid, il souffre, et de cette double souffrance ainsi aggravée! Autour de lui, les derniers qui restent aspirent à partir; Montholon parle de rejoindre sa femme; les Bertrand allèguent l'éducation de leurs enfants. Il faut qu'il se hâte de mourir, s'il veut faire encore figure d'Empereur, s'il ne veut point être enseveli par des mains mercenaires. — Et la mort ne vient pas. La maladie a même des rémittences où il semble se remettre à vivre; puis, il retombe et la souffrance est plus atroce. Mais il demeure tel qu'il a résolu d'être, et lorsque, le 15 avril 1821, par un effort surhumain de son énergie, il écrit de bout en bout, d'une écriture qu'il rend lisible et qui retourne à l'écriture de sa jeunesse, lorsqu'il écrit de sa main, deux fois, les 28 pages de son testament, qu'il contresigne les états et les lettres, qu'il prend toutes ses mesures en face de la mort; dans cette cabane de Longwood, c'est l'Empereur qui parle; c'est l'Empereur qui lègue l'opprobre de sa mort à la famille régnante d'Angleterre et dont la malédiction frappe au cœur la maison de Hanovre; c'est l'Empereur qui partage entre ses fidèles, entre les proscrits, entre ses vieux soldats, les trésors qu'il croit posséder; c'est l'Empereur qui, plus grand peut-être qu'en ses jours de fortune vertigineuse, décerne d'un geste souverain la gloire et la honte.

Et puis, las de cette dernière victoire, il s'étend sur son lit de guerre, il fait appeler le prêtre, car il veut mourir dans la religion où il est né, et il attend la mort — la mort secourable et libératrice.

On pleure à présent, et on se lamente, et on prend des attitudes. Avant un mois, tous, délivrés du dévouement qui leur pesait, s'embarqueront, laissant dans la vallée du Géranium, sous les saules, un cadavre sans nom, car même d'inscrire sur la dalle qui le couvre le nom de Napoléon, l'Angleterre ne l'a point permis.

Ainsi apparaît plus douloureux encore dans son réalisme le drame de Sainte-Hélène ; ainsi plus grand encore dans l'isolement, au milieu des misérables querelles qui s'agitent autour de lui, seul à tenir tête à l'Europe et à poursuivre la lutte pour le droit des nations, pour la gloire de la France et pour la légitimité de l'élection populaire, apparaît Celui que nulle puissance humaine ne put abaisser et qui, malgré les rois, leurs espions et leurs geôliers, est demeuré, devant les âges :

L'EMPEREUR !

TABLE DES MATIÈRES

ÉVREUX, IMPRIMERIE CH. HÉRISSEY, PAUL HÉRISSEY, SUCCr

ÉVREUX, IMPRIMERIE CH. HÉRISSEY, PAUL HÉRISSEY, SUCCr

www.ingramcontent.com/pod-product-compliance
Ingram Content Group UK Ltd.
Pitfield, Milton Keynes, MK11 3LW, UK
UKHW020106200726
13856UKWH00002B/409